精力管理

有效地使用
时间和专注力

姚讲◎著

ENERGY MANAGEMENT

中国纺织出版社有限公司

内 容 提 要

在追求效率的时代，我们总是试图通过时间管理创造更多的可能性，却常常忽略最重要的资源——精力。时间是有限的，而精力是动态且可塑的，它决定了我们如何使用时间、实现目标、提升生活的品质。

本书重新定义了效率法则，将焦点从时间转向精力，结合"精力金字塔"这一独特框架，阐述了体能、情绪、思维和意志对精力状态的影响，通过优化生活习惯、管理情绪波动、减少无效干扰等方法，帮助读者提升专注力，保持高效的工作状态，摆脱电子时代的信息过载和注意力分散的困扰。

图书在版编目（CIP）数据

精力管理：有效地使用时间和专注力 / 姚讲著.
北京：中国纺织出版社有限公司，2025.8. -- ISBN
978-7-5229-2716-9

Ⅰ. C912.1-49

中国国家版本馆CIP数据核字第20258TA144号

责任编辑：郝珊珊　林　启　　　　责任校对：寇晨晨
责任印制：储志伟

中国纺织出版社有限公司出版发行
地址：北京市朝阳区百子湾东里A407号楼　邮政编码：100124
销售电话：010—67004422　传真：010—87155801
http://www.c-textilep.com
中国纺织出版社天猫旗舰店
官方微博 http://weibo.com/2119887771
天津千鹤文化传播有限公司印刷　各地新华书店经销
2025年8月第1版第1次印刷
开本：880×1230　1/32　印张：6.75
字数：142千字　定价：49.80元

凡购本书，如有缺页、倒页、脱页，由本社图书营销中心调换

科学管理精力
实现高效人生

　　在这个快节奏的时代，我们常常试图通过时间管理来提高生活的效率，似乎将一天的 24 小时划分得更加紧凑，就能实现无限的可能。然而，这种对时间管理的过度追求，往往使我们陷入另一种无形的困境，不断压缩和侵占自己的生活空间，忽略了对精力的关注。

　　设想一下：当你感到身体疲惫、情绪低落，且注意力难以集中时，即便拥有可以自由安排事务的时间，你又能完成多少真正有价值的事情呢？答案不言而喻，时间并非问题的关键，真正决定工作效能和生活品质的是精力。

　　精力是生命的燃料，为我们点亮实现目标的每一步。无论是激发创造力、推进个人成长，还是解决问题、维护健康的人际关系，抑或是感受生命中的简单快乐，精力都是基础。如果把时间比作载体，精力便是驱动这一切的核心能量。当我们精力枯竭时，所有努力都会化为乌有，就像数学中的乘法，当其中一个数是 0 时，无论另一个数多么庞大，结果都是 0。

　　时间和精力不是孤立存在的，而是相互依存、相辅相成的。

时间是客观的、不可增减的资源，而精力却是动态的、可塑的变量。我们无法延长一天的 24 小时，却可以通过科学的方法减少精力的耗损，在使用时间的过程中保持专注和高效，从而赋予时间更高的价值，用有限的精力创造更多的可能性。

精力的运作如同一座金字塔，依次由体能、情绪、思维和意志构成。体能是基础，为我们的行动提供原动力；情绪是调节器，直接影响我们的状态；思维让我们能够聚焦和判断；而意志则是攀登高峰的助推器。当这四个层面和谐统一时，我们的能量才能得到最大程度的发挥，生活亦将变得高效、有序。

现代生活中的种种困扰，往往源于我们无节制地分散精力：无休止的任务切换、不必要的社交应酬、信息过载……这些看似无害的小事不断侵占我们的注意力，让宝贵的精力在无形中流失。精力管理的关键不仅在于补充，更在于选择：设立清晰的优先级、学会取舍，是打破困局的第一步。只有把精力投入到真正重要的事情上，才能让时间发挥出应有的价值。

无论你是希望提升个人效率的职场精英，还是渴望在快节奏中找回内在平衡的"生活家"，本书都将为你提供一种全新的视角：通过科学地管理精力，重新掌控时间，焕发生命的能量，实现真正意义上的高效人生。

姚讲

2025 年杪春

目 录

第 1 章

倦怠的真相
为什么总感觉力不从心

01 懒惰只是表象，精力匮乏才是根源

📖 **核心笔记**

当精力被耗尽，连呼吸都是一种消耗。

当生活呈现出这样的画面时，你是否感到深深的厌倦？

匆忙的晨间

冬日的清晨，天蒙蒙亮，你就起了床。简单吃了些早餐，你匆匆忙忙地出门。通勤的车厢里人满为患，车窗外的景象模糊不清，你没有时间去细细思考问题，也没心情去观察周围的一切。你闭着眼睛，仿佛是机械地做着这些事情，一直到公司，时间过得飞快，感觉一天的忙碌已经悄然开始。

低效的状态

到了办公室，工作任务清单已经在你的脑海里排好，早晨的一丝清醒也渐渐被堆积的事务淹没了。你本想做高效能人士，当天把所有事情都做完，可时针才指到中午，你就感到一阵倦怠，似乎所有的精力都在不知不觉中被抽干。哪怕是排队吃午餐，也让你感到烦躁，焦虑与不满的情绪暗暗爬上了心头，不

可控制地占据了你的大脑。

失控的情绪

忙碌了一整天，你终于迎来了一刻短暂的宁静。晚上回家后，你有意识地腾出时间来给孩子高质量的陪伴，想要和孩子共同度过一段温馨的时光。你本以为，经过一天的劳累，这样的时光应该能让自己感到轻松，甚至能够让你重新焕发活力。然而，现实总是让人失望。才辅导了半小时的功课，你就忍不住因为孩子的分心与马虎而大发雷霆，那些你曾经学习过的情绪管理技巧与正面管教理论在这一刻瞬间化为乌有。你气得无法自控，却又在事后自责，内心充满懊悔。

你知道这不是你想要的反应，但你无法避免。当这些情绪涌上心头，你只能发誓"下次一定做得更好"，可转眼，又是同样的情境和反应，空口的承诺也依然无法成真。

无力的倦怠

终于等到周末，你本以为这会是一个缓解疲惫的好机会，可依然感到从未摆脱疲惫的束缚。原本活跃在脑海中的各种计划与安排，在这一刻仿佛都变得无法实现。

你希望能收拾屋子、洗衣做饭，做些平常的琐事，带着一种小小的成就感来对抗无法停滞的日常。可你发现，即使是最简单的事情，也变得无比沉重，你感到力不从心。脑子里思索着待办事项，你深知有些事情该做，可就是无力去做。时间仿佛悄悄溜走了，你站在原地，被时光吞噬的感觉越来越强烈，焦虑、懊悔、无力感交织在一起，形成一个无休止的循环。这种什么也没做的状态，又让你陷入更深的焦虑。

不知道从什么时候开始，你发现自己变得愈加神经质，任何一点风吹草动都可能把自己推到崩溃的边缘。生活仿佛进入一个怪圈：没有充裕的时间时，总是埋怨节奏太快、任务太多；拥有了空闲的时间，却又感到焦虑、不知所措，整个人都是懒散的。

你可能多次追问自己：为什么我总感觉提不起精神？为什么我总有无法摆脱的疲惫感？你可能也给自己贴上过"懒惰"或"不够自律"的标签，从而产生更深的挫败感。对此，我想说的是，不要急着否定自己、贬低自己。陷入这种低效与倦怠的状态，不一定是因为懒惰，也可能是因为精力匮乏。

精力是指做事的能力，如同我们体内的动力源泉，支撑着我们的日常活动和工作。当我们频繁感到精神不振、疲惫难耐时，这通常意味着我们的动力源泉已接近耗尽。当精力无法恢复时，无论外部条件如何改善，都很难找回生活的热情和工作的动力。

面对这样的状况，我们需要重新审视自己的生活方式，找到精力匮乏的根源，它可能与我们的饮食习惯、睡眠质量、运动状况、工作环境等多方面因素有关。只有当我们真正理解了精力耗竭的原因，并采取有效的措施来补充和恢复精力，才能重新找回生活的活力，走出低效与倦怠的困境。

02 你的精力能量条，还剩下多少

📖 **核心笔记**

精力管理的第一步，是认识自己的精力水平和状态。

你现在的精力状态，能撑过每一天的日常挑战吗？

早上醒来，你是迫不及待地跳下床迎接新的一天，还是赖床到不得不起的时刻，才勉强从被窝里爬出来？白天，你的工作是得心应手、效率满满，还是感觉力不从心，总想找借口拖延？到了晚上，你是感觉精疲力竭，还是仍有余力做一点自己喜欢的事情？

精力就像一个分级的能量条，它决定了我们是否能高效完成工作，又是否能享受生活中的"小确幸"。在此之前，也许你从未仔细评估过自己的精力状态。没关系，现在就让我们一起揭开精力状态的面纱，看看你的精力能量条还剩下多少。

为了让精力状态呈现得更加形象，我以"精力能量条"的模式做了一个直观展示，从左到右依次表现出精力的层级变化。

| 极度透支 | 应接不暇 | 奋力支撑 | 全力冲刺 | 游刃有余 |

● 极度透支：能量几乎耗尽，只剩下极少的精力应对生活。
● 应接不暇：精力处于低水平，任务堆积，容易感到压力。
● 奋力支撑：维持日常活动的基本精力，偶尔感到疲劳和不堪重负。
● 全力冲刺：精力充沛，能够积极应对各类挑战，保持高效。
● 游刃有余：充满活力，轻松应对复杂任务，状态最佳。

第1级（精力匮乏）：只想"躺平"，无力招架

早上起床的时候，连睁眼都感觉像在打仗：一边扒拉闹钟，一边强迫自己爬起来。每一步都像是在拖着沉重的铅球。身体各个部位都在抗议："再不休息，我就给你点'惊喜'了！"背部和脖颈的疼痛像是持续争夺注意力的警报。

工作更不用提了，打开电脑，脑袋嗡嗡作响，眼睛一片模糊。坐在办公桌前，头脑像是停滞了，几乎无法消化任何信息。手指不听使唤，连一篇简短的邮件都敲不出来。经常情绪低落，甚至有些沮丧，每天都在告诉自己："今天又熬过来了，但我还能支撑多久？"

如果你此时出现在这幅画面中，那你可能正处在"极度透支"的状态，工作、身体、心情，完全无力应对任何挑战。

第2级（精力低迷）：办公室里的"拖延大师"

你已经不记得最后一次轻松愉快地开始工作是什么时候了，

打开电脑的那一刻，眼前的屏幕仿佛成了最大的敌人。每一项任务都看起来让人头皮发麻，你总是拖拖拉拉，不停地给自己找借口："再等会儿，再整理下邮件，再喝一杯咖啡……"每一个小小的分心都会引导自己远离工作：刷社交媒体，瞄一眼新闻，回复朋友的消息。

坐在办公桌前，你像一个挣扎的"战士"：明知道要做的事情已经堆积如山，就是没有心情着手去做。焦虑像水滴一样，一点一点地落入心里，你感觉自己越陷越深。工作还没开始，拖延症已经把你耗得精疲力竭，连下午的那杯咖啡都失去了提神的效果。

处在这一层级，每天都在为"完成任务"而战斗，但又总是力不从心。

第 3 级（精力中等）：努力"撑下去"的每一天

清晨，你还能够勉力起床，开始一天的生活，可是一切似乎都处在"撑下去"的模式中。早晨的咖啡给了你一些动力，工作中偶尔能有一点突破，但这股力量像是被打了个"折扣"。每做一件事都是在"勉强"的状态下完成。

午餐后，你很快会进入"低效模式"：目光迷离，坐在办公桌前，思维开始逐渐松懈。内心数次提醒自己，下午一定要打起精神，可真的很难做到。回到家，吃完饭，身体的疲惫让整个人瞬间被吸入沙发深处。你只想放空自己，看一些轻松的电视剧，根本没力气去思考更深层的东西。偶尔的失眠会带来更大的焦虑，你心里很清楚，自己需要改变。

如果此情此景让你产生了共鸣，那说明你的精力状况正处在向下滑落的"边缘"，稍微多一点的工作负担，就可能让你陷入更深的困境。

第 4 级（精力较好）："打鸡血"的高效时刻

工作思路清晰，行动迅速，做事效率不错。可以做到注意力集中，面对复杂任务也能快速应对。周围的人可以感受到你的状态不错，偶尔听到同事的赞扬，心里也有点小得意。

只是到了下午，疲惫感还是不可避免地袭来，你总是要提醒自己："再坚持一下。"下班后，你不像那些精力旺盛的人可以轻松应对娱乐，或是进一步提升自己，虽然也渴望去健身、学习，却感觉有些力不从心。当时钟指向晚上时，你只想好好休息，但也知道自己还能够维持这种高效的状态。

如果这些描述符合你的现状，那你需要注意的是，学会调节自己的工作节奏，避免有限的精力被过度消耗。

第 5 级（精力满满）：工作与生活两不误

这应该是人生的"赢家模式"了。你每天醒来精力满满，不需要任何的"鸡血"。你知道自己何时处于精力巅峰，可以高效地完成重要的工作。下班后的时间，你也能安排得井井有条，或是去健身、学习，或是和朋友社交，能在工作之余享受生活中的点滴乐趣。

在工作中，你不再是一个焦虑、疲惫的角色，而是一个游刃有余、掌控全局的存在。即便遇到突发状况，你也可以轻松应对，还有精力探索更多的可能性。

如果你是这样的状态，说明你已经掌握了精力的管理技巧，不再被忙碌压垮，不再被内耗牵制，可以充分享受生活的充实感和成就感。

读到这里，你是否已经了解自己目前的精力状态？如果你正处于较低的层级，也不必灰心，因为精力不是一个固定不变的量。就像游戏中的能量条，精力状态是可以调节的，通过合理的休息、健康的饮食、心态的调节、合理的分配，我们完全可以在高峰时刻做到全力冲刺，在低谷时期找回平衡。

精力是可以训练的，它的强度、持久度，甚至是灵活性，都掌握在我们自己的手中。所谓精力管理，就是在理解自己节奏的基础上，适时地调整和恢复，让能量条保持在一个高效又可持续的水平。要相信，通过不断地自我调整和优化，你一定能够在日常生活中逐步向更高层级迈进，这本书的价值和意义也正在于此。

03 为什么时间管理总是失效

📖 **核心笔记**

时间不是万能的，精力才是决定效率的关键。

时间管理这件事儿，在很多人心目中就像是"万能解药"：似乎只要把时间安排好，就可以提高效率，告别拖延，从此人生开挂。

你可能也制作过不少这样的日程表：早上9点写报告，10点开会，11点复盘，12点午餐，下午继续战斗……看起来特别振奋人心。结果呢？上午9点，打开文档，盯了半小时，一个字没写出来；10点开会，边听边走神，会议纪要翻了几页完全不知道讲了什么；下午本来安排的是复盘，却只想刷短视频，越刷越焦虑，越焦虑越没动力。

这不禁令人感到疑惑：不是说时间管理可以改变人生吗？为什么明明严格按照时间表行事，却总感觉疲惫不堪，无法高效产出？其实，真正的问题不在于时间，而在于精力。

完全按照时间来制订计划表，只是在分配"工作时长"，却没有考虑到影响效率的关键因素——精力。时间是恒定的，精力却是动态的，真正决定工作成效的并不是在某个任务上投入了多少时间，而是在执行这个任务时的精力状态是否处于最佳。

前段时间，嘉乐看了一个讲时间管理的课程，信誓旦旦地决定改变自己的工作状态。他买了一个高端手账本，详尽地记录了番茄工作法、四象限法则、GTD（Getting Things Done，把事情做完）等方法，还制作了一份日工作清单，写得密密麻麻，每个时间段都安排得满满当当。

新一周刚刚到来，嘉乐斗志昂扬地开始执行自己的计划：9点到10点半写方案，10点半到11点处理邮件，11点到12点做竞品分析……时间的确没有被浪费，可问题是，方案才写了一半，他的脑子就已经转不动了。下午更惨，他感觉眼睛发涩，注意力涣散，连"重要不紧急"的事都做不下去了。到了晚上，看着没完成的任务清单，嘉乐心里特别沮丧，还对自己产生了怀疑，认为是自己不够自律。

不是嘉乐不自律，是他掉进了时间管理的陷阱。

时间管理最大的局限性在于，它假设人一天的精力是均匀的，好像只要分配好时间，就能开始运转。我们知道，现实情况并不是这样的：我们的精力储备和质量是波动的，没有定数。即使列出的清单和时间安排没有问题，可是精力撑不起既定的任务，结果也只会是效率低、拖延多、自责重。

高效做事的底层逻辑，是在精力管理的基础上充分有效地利用时间。如果不结合精力管理，只靠时间表硬压任务，很难达成预想的效果。说白了，时间管理只是"什么时候做什么事"，而精力管理是"在状态最佳时做最重要的事"。

A 和 B 两位产品经理的工作方式不同，工作结果也不同。

A 的工作方式：严格按照时间表工作，不管状态好不好，任务来了就硬上。他安排了 9 点到 10 点半写产品报告，如果状态不好，这 90 分钟基本就废了。晚上，他还是得补白天没完成的任务，熬夜、焦虑，形成恶性循环。

B 的工作方式：先观察自己的精力规律，发现自己上午 9 点到 11 点半精力最好，于是他把所有需要深度思考的任务放在上午。下午 3 点以后，他的注意力容易分散，就留给会议、回复邮件、做机械性工作。他的工时不比 A 长，甚至更短，可工作效率却翻倍。

时间管理强调的是"把计划安排得更紧凑"，而精力管理关注的是"在关键时刻保持最佳状态"。时间管理很重要，可是它无法解决精力匮乏的问题。人的精力如同蓄电池，过度使用会导致电量耗尽，即使拥有再多的时间也无法高效工作。

很多人觉得自己工作效率低是因为"没时间"，可真相往往是"没精力"，在该高效的时候浑浑噩噩，在该休息的时候又逼自己硬撑。这就好比，制订了一张周密的行程表，驾驶的却是一辆没有油的车，燃料不足，只能停在原地。

精力管理不仅是一种科学，更是一种艺术，它需要我们不断探索和实践。如果没有精力管理的概念，就会以为效率低是因为"时间不够用"，想方设法压缩休息时间，把日程表塞得更满。事实上，精力不足才是拖延、效率低、注意力涣散的真正原因。

所以，不要再单纯想着怎么"挤时间"了，要重新定义高效，把焦点从时间管理转向精力管理。通过识别精力消耗源、合理分配精力、注重精力恢复以及建立精力管理习惯，最大限度地利用有限的精力，在有限的时间内创造更大的价值。

04 画出你的一日精力曲线图

> 📖 **核心笔记**
> 遵循精力的周期与节律，合理分配自己的精力资源。

我们常常会有这样的体验：前一秒还精力充沛、干劲十足，后一秒就感到疲惫不堪、情绪低落。很多人把这种现象归因于情绪波动，实际上，这是人体生理节律的自然表现。

早在20世纪初，英国医生威廉·费里斯和德国物理学家赫尔曼·斯沃伯特就发现了一个有趣的现象：一些患者因头疼、疲倦等问题，每隔固定的天数就会来就诊。

经过深入研究，他们总结出人体生理变化的规律：体力变化以 23 天为周期，情绪变化以 28 天为周期。后来，心理学家阿尔弗雷德·特里舍尔进一步发现，智力变化以 33 天为周期。这些研究揭示了人体的"生物三节律"——体力、情绪和智力的周期性波动。

科学家们还发现，这些节律遵循正弦曲线规律，分为"高潮期""低潮期""临界点"和"临界期"。在高潮期，人们会感觉精力充沛、情绪高涨、思维敏捷，工作效率最高；而在低潮期，人们则容易感到疲劳、情绪低落，效率较低；临界期，是一个不稳定的过渡阶段，比较容易出现失误。

即使在一天之内，人的精力状态也不是一条直线，而是一条有起有伏的波浪线。了解并掌握自己的精力变化规律，合理规划工作和生活，是提升效率的关键。

研究表明，一天中有三个黄金时段：早上 10 点到 11 点、下午 3 点到 5 点、晚上 8 点到 9 点。这些时段，人们倾向于精力充沛、思维活跃，适合处理复杂、高难度的工作。然而，很多人并未意识到这一点，常常在黄金时段处理琐事，等到重要任务来临时却已疲惫不堪，导致效率低下。

相比之下，那些善于管理时间和精力的人总能游刃有余。他们并不是能力超群，而是懂得利用自己的精力曲线，在最佳状态下高效完成任务。

李欧是一名市场营销经理,每天需要处理大量的沟通、策划和执行工作。为了更好地利用时间,他记录了自己一周的精力变化,绘制出了自己的"一日精力曲线图"。

现在,我们就结合李欧的"一日精力曲线图"(图1-1)及对应的"时间利用表"(表1-1)来看看,真正的高效能人士是如何安排一天的日程的。

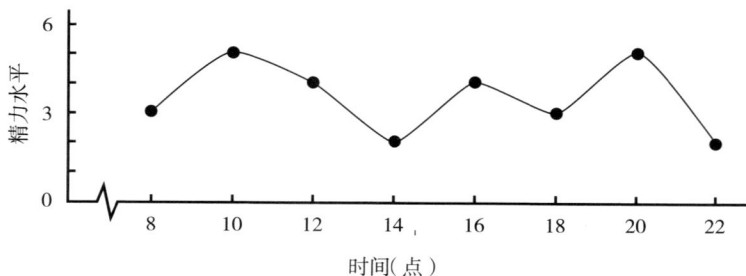

图1-1 李欧的一日精力曲线图

表1-1 时间利用表

时间段	精力状态	任务安排	效果
8:00~9:00	身体逐渐苏醒,大脑清晰,尚未完全活跃	起床后,简单运动,唤醒身体。 早餐后,查看邮件,整理当日工作清单,明确优先级	利用清晨的清晰思维,有条理地规划一天的工作,避免忙乱
9:00~11:00	思维活跃,精力充沛,创造力达到高峰	召开团队晨会,明确当日目标。 专注策划新项目,完成创意方案。 与客户电话会议,敲定合作细节	在精力最充沛的时段,高效完成最具挑战性的任务

续表

时间段	精力状态	任务安排	效果
11：00~12：00	精力略有下降，思维仍保持较高水平	整理上午的工作成果，回复邮件。 与同事讨论项目进度，调整计划	利用平稳期的精力，完成总结和沟通工作，为下午的任务做好准备
12：00~14：00	身体进入消化和休息状态，精力明显下降	午餐时间，放松身心。 餐后短暂午休，恢复精力。 阅读行业新闻，轻松学习	通过午休和放松活动，为下午的工作储备能量
14：00~16：00	精力恢复，思维再次活跃，进入高效状态	推进核心项目，完成数据分析。 与设计团队讨论方案，优化细节。 撰写项目报告，准备汇报材料	在下午的黄金时段，集中精力处理核心任务，取得了显著进展
16：00~18：00	精力逐渐下降，注意力开始分散	整理当天的工作文件，归档资料。 与团队进行简短沟通，了解进度。 轻松阅读，放松大脑	避免高强度思考，完成简单的收尾工作，为晚上做好准备
18：00~21：00	经过短暂休息后精力再次回升，思维清晰	学习新技能，参加在线课程。 复盘当天工作，记录收获与不足。 制订明日计划，明确重点任务	利用晚上的高效时段，完成自我提升和总结规划
21：00以后	精力逐渐耗尽，大脑进入放松状态	放松娱乐，听音乐或看电影。 准备入睡，保证充足睡眠	通过放松和休息，为第二天的精力恢复做好准备

每个人的一日精力曲线都是独一无二的，掌握规律并合理利用，是提升效率的关键。你不妨参照李欧的范例，绘制并遵循你的"一日精力曲线图"，在最佳状态下完成最重要的工作，避免无效的消耗。记住，时间是最公平的资源，精力管理是让你脱颖而出的秘密武器。

05 | 掌控精力耗损与恢复的平衡

📖 核心笔记

精力和肌肉一样，过度消耗会衰竭，过度休养会退化。

不知不觉中，"自律"这个词开始在网络上流行起来，并被赋予了一种神奇的力量。众多的自媒体平台和博主纷纷宣扬："你无法想象自律之后的人生有多畅快""高度自律后，我的人生开启了外挂模式"……

诚然，自律是一项优秀的品质，也是一项重要的能力。特别是在看到那些本身已经很优秀的人，还能在繁忙的工作之余坚持运动、学习、提升自我，一方面让人心生敬佩，另一方面也让人深感焦虑，似乎所有的不理想、不满意，都是因为不够自律，不够努力。

在这种错误认知的驱动下，许多人开始追求高度自律的"苦行僧式"生活，为自己设立各种目标和计划，力求充分利用每一分钟，甚至在上下班途中也会思考问题或规划工作。如果能够一丝不苟地执行这些计划，他们就会感到非常满足，认为自己极具行动力；反之，一旦哪里出现了纰漏，未能完成既定的安排，他们就会焦虑、自我否定和自我贬低。

猜测一下，这样的"自律"能够维持多久呢？

就多数人而言，往往是最初的1~2周执行得还不错，只是感觉有些不适应和疲倦，但还能说服自己坚持。然而，熬过了这段时间之后，情况并不像预想的那样，大多数人依然不能完全适应这种新的节奏。

他们的状态开始走下坡路：不愿意早起，工作无法专注，总是昏昏欲睡，身体也感觉很疲惫，总想吃高油高糖的食物。似乎有一种难以抗拒的力量，促使着他们去弥补前一段时间的耗损。如果和这股力量抗争，继续让自己硬撑，情绪会变得易激惹，即使按部就班地完成了计划，也不会产生愉悦感和满足感，反而会生出一种无意义感。

毫无疑问，这样的结果是令人沮丧的，也不禁让人疑惑：为什么有些人常年像"打了鸡血"一样，难道他们真的不知疲惫？普通人与精力达人相比，到底差在哪儿？想要彻底解开这些疑惑，我们必须重塑一下对自律和精力的认知：

1. 自律不是靠压制欲望实现的，沉浸在煎熬与强迫的状态中很难走远

当你浏览网络上流传的清华大学特等奖学金得主的日程表时，会注意到一个显著的共同点：尽管他们的日程安排得满满当当，活动内容多样，但几乎每个人的日常中都包含了一项"休闲活动"，比如听音乐、追剧、与室友交流、享受下午茶时光、散步等。他们并没有将全部时间都投入到学习之中，也没有抑制自己对娱乐的需求，而是在适度放松与紧张学习之间找到了平衡，实现了自我管理和高效能。所以，自律需要恰当的方法来实现，否则，非但不能迎来开挂般的人生，还会把自己推向崩溃的深渊。

2. 任何人的精力都是有限的，需要在精力耗损与恢复之间实现动态的平衡

自律并非意味着无止境地榨取时间、压榨自我，毕竟，每个人的精力都是有限的，长时间保持紧张状态，过度消耗精力，不仅会引发身体疲劳、注意力分散，还可能诱发焦虑、抑郁等心理问题。

如同陀螺般不停地旋转，并不能保证获得期望的结果，因为不懈的努力并不等同于持续的高效率。精力在消耗之后，需要逐渐恢复，以便重新启航。许多人在执行了严苛的"自律

计划"，或长时间进行高强度工作之后，往往会陷入另一个极端——过度休养。

去年下半年，陆小姐一直处于高强度的工作状态之中，频繁加班至深夜成为她的日常。在历经艰辛完成那个项目之后，她感觉身心俱疲，急需一段长时间的休整。为了有效恢复精力，她决定趁着即将到来的春节，让自己休一个较长的年假，利用这段时间充分休息，调整身心状态，为之后的工作和生活积蓄能量。

正如陆小姐期望的，她申请到了整整一个月的假期。这段时间，她除了完成必要的日常活动，刻意避开了任何可能带来体力或脑力负担的事情。起初，她感到非常放松和惬意，享受着这份难得的宁静与悠闲。然而，随着时间的推移，她发现自己变得越来越懒，甚至连出门散步都不愿意去，每天沉迷于刷手机，一看便是几小时。

当假期结束时，陆小姐重新回到了工作岗位。可是，她的适应能力和工作效率都比之前下降了，总需要额外的时间来调整自己的状态。这场原本能让她重拾活力的休息，并未达到预期效果。长时间的过度休息，反而对她的身心健康产生了不利的影响，这也促使她重新思考"工作与休息"的平衡问题。

当精力严重透支后，许多人都迫切希望通过长时间的休息来弥补精力的亏空。然而，休息并不是长时间地睡觉，或什么都不做，这种过度放松的状态并不利于精力的恢复和管理。长时间的停滞会引发身体机能的衰退，使思维变得迟缓，甚至让人变得消极懒散，很难重新找回高效的工作和学习节奏。

精力管理的核心在于实现消耗与恢复之间的良性、动态平衡：既不无节制地透支自身，也不沉迷于无效的放松。关键在于在"全情投入"与"适时退出"之间找到最佳的切换节奏，学会周期性地恢复，保持最佳的状态。这个过程就像是肌肉训练，适度的挑战能够激发潜能，而过度的消耗则可能导致损伤。只有找到适合自己的节奏，在忙碌与休息之间自如切换，才能在长期的挑战中维持高效、稳定和可持续的精力状态。

第 2 章

精力金字塔
从身体到意志的四重进阶

01 精力金字塔：能量的四大来源

📖 核心笔记

精力来自四个层面：体能、情绪、注意力和意义感。

杨晨是一名软件开发工程师，从业6年。以前，他在工作方面得心应手，代码编写得行云流水，每当项目顺利上线，他心中便充满了成就感。业余时间，他喜欢健身和跑步，身体状况一直很好。然而，从去年开始，他明显感觉自己的状态发生了巨大的转折。

说不清楚从什么时候开始，杨晨觉得自己像被掏空了一样，体力远不如从前。过去，熬夜编写代码对他来说轻而易举，现在却常常感到力不从心，到了夜里11点他就觉得支撑不住了。更令他沮丧的是，他对编程的热情似乎也在消退，曾经那种一敲键盘便无法自拔的激情，如今变成了机械式地完成任务。

忙起来的时候，杨晨无暇多想，反倒是空闲下来时，他会感觉疲倦不堪。玩游戏提不起兴趣，与朋友聚会又觉得吵闹；

即便去运动，也总觉得内心空虚，提不起劲。最让他感到困扰的是，他对自己的职业产生了迷茫之感：日复一日地忙碌，究竟是为了什么？他感觉现在的自己就像一个被程序驱动的机器人，日复一日地重复着相同的动作，却找不到任何意义。

如果杨晨是你的朋友，你认为他现在的状态是什么原因所致呢？如果他向你倾诉并求助，你会给他什么样的建议呢？

请假休息一段时间？恢复运动，加强锻炼？尝试换一份工作？……也许，你的头脑中会浮现出这些想法，这也是多数人在调节自身的状态时会选择的方法，但它们真的能够有效解决杨晨的精力困境吗？在给出具体的建议之前，你是否深入思考过一个问题：是什么决定着人的精力状态？或者说，人的生命能量与精神能量从何而来？

人体是一个复杂的系统，精力不是由单一因素决定的，而是由体能、情绪、注意力和意义感共同构成的一个金字塔（图2-1）。

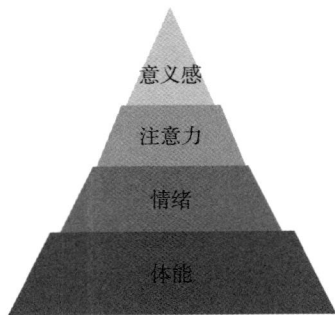

意义感

注意力

情绪

体能

图2-1 精力金字塔

当我们理解了精力的来源，就能有计划地管理自己的精力；同时，在感到精力状态不佳时，快速找到让自身能量失衡的因素，有的放矢地解决问题。

精力的第 1 层：体能

外部环境时刻都在变化，人的身体根据这些变化进行调适，身体的适应性就是体能。体能是精力的基石。医学研究显示，具有良好的体能，特别是卓越的心肺功能的人，其大脑的血液循环、氧气供应和葡萄糖供给都会更加充足，因而大脑的工作效率也会提高。这类人即使在长时间工作的情况下，也不易感到疲劳。

有一个事实可以证明这一点：全世界培养出世界五百强 CEO 最多的学校，并不是哈佛或耶鲁，而是西点军校。西点军校学生接受的战略思维塑造、纪律性、团队协作、目标导向以及体能锻炼，为日后承担繁重工作打下了坚实的基础。所以，体能好是精力充沛的根基，直接影响着我们投入工作与生活的能力。

精力的第 2 层：情绪

情绪的波动，会直接影响精力水平。

积极、正向的情绪是精力输出的保障。大家都有过这样的体验：心情好的时候，精神状态也好，做事效率很高，凡事都愿意往积极的方向去想。反之，愤怒、焦虑和抑郁的时候，即使什么也没做，也会感觉身心俱疲。负面情绪引发的精神内耗，会让人陷入能量枯竭的状态，严重影响记忆力、认知力、判断力和决策力。

精力的第 3 层：注意力

注意力，是指视觉、听觉、嗅觉、触觉和味觉这些感官信息通道对客观事物的专注能力，是记忆、思维、想象力和观察力的预备状态，也是大脑进行感知、学习和思维等认知活动的基础条件。

注意力是精力的直接载体。想要实现精力最大化，减少不必要的损耗，就要保持专注、对抗分心，在一天中尽可能地把时间和精力用在优先事务上。在一个人的发展过程中，全神贯注、集中意念是至关重要的一件事。全神贯注的能量犹如放大镜，能够聚集太阳的光线，太过分散的话，能量无法集中，很难看到奇妙的效应。

精力的第 4 层：意义感

意义感，与深层的价值观和超越个人利益的目标有关，是顶级的精力来源。

没有明确的目标和意义感，就如同置身于莽莽丛林，没有指南针的指引，生活和工作中一旦出现任何状况，都只能被动地应对，处理事务时既无条理也无章法，疲于奔命，甚至在原地踏步，无法前行。

拥有明确的目标与意义感，就像望见了灯塔，所做的每一件事都有价值和意义。你会持续不断地朝着目标迈进，无论是每天、每周还是每月，都能够清晰地看到自己的产出与目标的紧密联系，这种感觉会让人充满动力。

了解了精力金字塔模型之后，我们再回过头来分析一下杨晨的精力困境。

杨晨的身体状况没有大碍，工作方面也没有过多的压力，可他常常感到无精打采，对工作没有激情，对生活缺乏热情，不知道自己每天忙忙碌碌有何意义。很显然，他是在追求的目标和工作的意义上产生了迷茫感，因为工作上没有明确的目标，缺少深层的价值追求，所以他对眼下的一切丧失了动力。

找到了问题的根源，就可以针对性地采取策略。对杨晨来说，他需要重新审视自己的工作意义，找回自己做这份工作的初衷，或是为自己设定一些职业目标，增加与工作内容的内在连接，帮助自己从工作中获得更多的满足感和成就感，从而提高整体的精力水平。

精力不是单一的身体问题，它是由体能、情绪、注意力和意义感共同决定的。这四个层级是相互关联、相辅相成的，只有平衡这四大能量来源，才能给自己带来全情投入且倍感充实的最佳精力状态。现在，你不妨结合自身的实际情况，分别对体能、情绪、注意力和意义感做一个评估，看看自己在哪一方面比较薄弱，这样可以更有针对性地学习和提升。

02 体能是精力的底层支撑

📖 **核心笔记**

身体是精力的源头，体能决定精力的上限。

在精力金字塔模型中，体能位于最底层，是其他三大精力层的基础。拥有充足的体能储备，能够让我们在面对日常的工作与生活挑战时，拥有持久的耐力和恢复力。

从生物学的视角来看，人的精力源自氧气和葡萄糖在体内的化学反应。从实际生活的视角来看，精力储备与多种因素紧密相关：均衡的饮食能为身体提供充足的营养，支持身体的各项机能；良好的睡眠质量有助于身体的修复与恢复，让我们在第二天充满活力；适量地运动，不仅能够增强肌肉力量，提高心肺功能，还能促进身体的新陈代谢，让我们保持活力满满的状态。

体能就像一块蓄电池，初始时刻可能电量不满，但可以通过一系列科学合理的调整和训练方法不断地为它充电（图2-2），从而提升能量。接下来，我们就从具体的细节方面谈一谈，该如何打造一个"不疲惫"的身体。

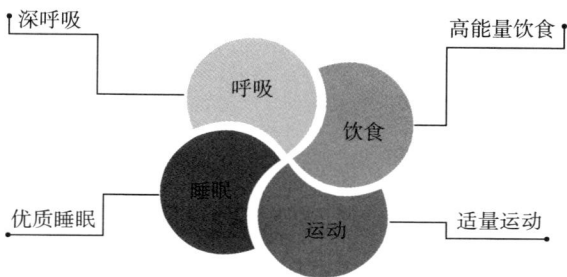

图 2-2　为体能充电

1. 让深呼吸成为习惯：开启生命与能量的循环

呼吸，不仅维系着生命，也关乎身体能量的供给。从本质上来说，呼吸是先进行能量的输入，再通过能量的输出来维持平衡。这一过程，需要身体内外环境的和谐统一。长期练习瑜伽的人都深有体会，只有把身体、呼吸、心志合为一体时，才能领悟体位法的真正价值。所以，想把瑜伽练好，必须要有意识地把呼吸和身体结合起来，让呼吸来引导每一个体式，达成两者的结合。

其实，除了在运动时需要留意呼吸方法，在日常生活中也同样需要关注呼吸。

多数人平时都处于浅呼吸的状态，气息吸入胸腔后，很快就呼出去了，身体难以体验到完整而彻底的放松。要想给身体积聚能量，我们真正需要的是深呼吸。深呼吸可以调动人体的副交感神经，让身体放松下来，有利于恢复体能和精力。

👉 **深呼吸练习**

现在，你不妨按照以下指导步骤进行练习，这不仅是一个对呼吸方式的测试，也是一个呼吸矫正的训练。

第1步：站立、坐直或平躺，确保身体处于舒适和放松的状态。

第2步：将一只手放在胸前，另一只手放在腹部。像平时一样呼吸，观察胸部和腹部的起伏变化。

第3步：当腹部鼓起时，胸部保持不动，这样的呼吸方式是正确的。如果胸部的起伏比腹部大，你需要调整呼吸，尝试用腹部吸气，同时胸部保持原状。深吸一口气持续5秒，慢慢呼出。

第4步：抓住每一个练习这种呼吸方式的机会，从刻意练习到习惯养成，最终将其转化为自然的呼吸习惯。

尝试做20次深呼吸，感受一下，你的身体是不是逐渐放松下来了？

2.高能量饮食法：吃对了才能精力充沛

饮食是精力的重要燃料，想要保持充沛的精力，就需要进行科学的饮食管理。人体必需的营养素有七大类，分别是糖类、蛋白质、脂肪、水、维生素、矿物质、膳食纤维，精力饮食应该注重全面均衡地摄入这些营养素。

○ 糖类

糖是人体主要的能量来源。缓慢释放的糖分可以提供更稳定的精力。为此，要尽量选择复合碳水化合物（如全谷物、薯类和豆类），减少热量高、糖分高、无营养的食物摄入，这些东西吃多了容易发胖，且容易让人感到困倦。

○ 蛋白质

身体的各个组织构成都离不开蛋白质的参与，且蛋白质与免疫系统也有密切的关系，少吃或不吃蛋白质，免疫细胞都无法正常工作，身体容易生病。通常来说，体力活动较少时，建议蛋白质摄入量每千克体重 0.8~1.2 克；运动人群、体力劳动者，建议蛋白质摄入量每千克体重 1.2~1.8 克。

○ 脂肪

科学摄入脂肪能够减少饥饿感，降低餐后血糖的上升速度，有助于身体健康和细胞膜的修复。尽量选择健康的脂肪来源，如橄榄油、坚果和鱼类中的不饱和脂肪酸，减少反式脂肪酸的摄入。

○ 水

充足的水分可以增强身体的活力，提高皮肤和筋膜的质量，保持肌肉与关节的润滑，还可以避免暴饮暴食。要养成常补水、小口喝、喝温水的习惯，每天至少喝 8 杯水，以保持身体的水平衡和代谢正常。

○ 维生素

水果和蔬菜是维生素的重要来源，两者相比较而言，更推荐蔬菜。日常饮食中，每餐都应当有一盘绿叶蔬菜，这是我们真正需要的精力来源。

很多人在面对压力时，会用吃东西来缓解焦虑，这不是一个明智的选择，它会导致恶性循环：越有压力越去吃，越吃越焦虑，不仅伤害身体，还要背负心理上的负罪感。要减缓或避免这样的情况，要从培养良好的饮食习惯入手。

👉 高能量的饮食习惯

第1步：准备一个食物秤，有效地控制食量，避免暴饮暴食。

第2步：减少摄入精制谷物、白米饭等单一化合物，适当增加复合碳水化合物含量高的食物，如全麦面包、麦片、粗粮饭等，这些食物能够长时间刺激大脑产生血清素，改善情绪。

第3步：摄入必需的蛋白质，促进多巴胺的分泌，有助于抗压。

第4步：集中注意力进食，减缓进食速度，享受每一口食物的味道。这样不仅容易产生饱腹感，还可以缓解压力。

爱自己不是一味满足口腹之欲，而是在好的饮食习惯中获得身心的舒畅、自由与充沛的精力。认真对待一日三餐，确保摄入均衡的营养，这是对自己最好的善待。通过健康的饮食，我们不仅能够获得所需的能量，还能在忙碌的生活中找到一份宁静与满足。

3.打造优质的睡眠：让身心得到深度修复

基于云端大数据发布的《2016 中国人睡眠白皮书》显示，中国人的平均睡眠时长为 7 小时，失眠人群高达 22.5%，其中 2.3% 的人面临严重的睡眠障碍。睡眠不足会直接影响精力状态，哪怕只是轻微的睡眠不足，也会对体力、心血管健康、情绪产生不利影响。

大约 50 项研究表明，人的专注力、记忆力、逻辑分析能力和反应时间，会随着睡眠不足而衰退。优质的睡眠对于精力的恢复至关重要，深度睡眠能够帮助身体进行自我修复，巩固记忆，调节情绪，并提升第二天的精神状态。

👉 改善睡眠的行动指南

如何打造优质的睡眠呢？下面有一些具体的建议，可供大家参考：

（1）判断自己的最佳睡眠时长，建立固定的睡眠时间表，让身体适应规律的作息。

（2）创造安静、黑暗、凉爽的睡眠环境，减少外界干扰。

（3）避免在睡前使用电子设备，以免蓝光影响褪黑素的分泌。

（4）晚餐的饮食尽量清淡，少油腻，六七分饱即可。避免吃刺激性的食物，如辣的、酸的，这些食物可能会导致胃灼热，加重焦虑感。

（5）做一些放松活动，如冥想、瑜伽或热水浴等，有助于进入深度睡眠状态。

（6）前一天睡得晚，第二天要利用小憩的方式补充睡眠，帮助自己恢复体力和精力。

4. 运动缓解精神疲劳：让大脑得到真正的休息

"累"分为两种，一种是体力疲劳，另一种是精神疲劳。

体力疲劳，是肌肉和躯体经过运动，出现了能量缺失、代谢废物堆积和内分泌失调的情况。运动健身产生的疲劳，大都属于这一类。通过饮食和休息，便可以得到恢复。

精神疲劳，通常发生在人体的工作强度并不高，但神经系统持续紧张，或长时间从事单调、乏味的工作时。例如，长时间撰写文案、绘制设计图等脑力劳动，可能导致脑力疲劳；甚至长时间打游戏，也会诱发精神疲劳。

大量的研究和实验证明，适当的运动不仅有助于健康，还能够缓解日常的精神疲劳。越是工作疲惫，越需要去运动，这种积极性的恢复，比静坐和躺着更胜一筹。

☞ 高效率的间歇性训练

如果时间相对充裕，不妨选择低强度的运动，如慢跑、健身操、骑行等。如果工作时间很长，很难抽出充足的大块时间去锻炼，可以选择间歇性训练。

间歇性训练，是德国心脏病学家汉斯·赖因德尔和教练瓦尔德马尔·倍施勒提出的，其核心理论就是，在训练中加入休息时间，让身体可以完成高强度的工作。间歇性训练可以有效地增强抗压能力，降低对压力的敏感度，遇到挑战时可以保持从容的态度。这是因为，在平日的训练中，已经把身体训练到时刻备战的状态了。

间歇性训练的形式多样，包括短跑、爬楼梯、动感单车等。许多运动软件也提供了丰富的间歇性训练视频，都可以作为选择和参考。每次训练只需要 20 分钟，便能够达到训练的效果，不会占用过多的时间。

当你感觉工作辛苦，依靠睡觉不得缓解时，给自己的身心来一场"积极性恢复"吧！走出家门，慢跑 3000 米；跳进恒温的泳池，畅快地游 1000 米……释放累积的压力，给大脑一个"重启"的机会。当你再次回到工作或学习中时，你会发现精力更充沛，思维更敏捷。

03 接纳负面情绪，减少精力耗损

📖 核心笔记

与负面情绪正确相处，是保存精力的关键。

结合现实生活，回想一下你是否也有这样的体验：

处在积极的情绪状态时，你会感觉到——

√ 周身充满了力量

√ 对所做的事情抱有信心

√ 愿意走出舒适区迎接新的挑战

√ 充满了创造力

√ 心理承受力变得更强

√ 倾向于从积极的视角看待问题

√ 相同境遇下，更容易产生积极的情绪

处在消极的情绪状态时，你会感觉到——

× 对所做的事情缺少信心

× 害怕承担具有挑战性的项目

× 做任何事情都提不起精神

× 很简单的任务也会拖延

× 抗挫能力明显下降

× 倾向于从消极的视角看待问题

× 相同境遇下，更容易产生消极的情绪

有没有发现，情绪状态直接影响我们的做事状态，以及能力的发挥？在愉悦的情绪状态下，整个人都充满动力，即使面对颇具挑战性的任务，也能以积极的态度去应对。可是，当被负面情绪笼罩时，内心会变得沉重，做任何事情都提不起劲，还很容易犯错。

正因为此，许多人厌恶负面情绪，把它当成恶魔一样的存在，总想压制或消灭它们。实际上，情绪本身不存在好坏对错之分，即使是负面情绪也有其存在的价值：痛苦能让我们回归当下，聚焦于此时此刻的现实；内疚能促使我们重新审视自身的行为；焦虑能够唤起我们的警觉，促使我们为未来做好更充分的准备；恐惧则能激发全身心的警觉性，使我们保持高度的清醒以应对险境。从某种意义上来说，这些负面情绪也是有益于生存的动力。

我们没有必要排斥负面情绪，但要学会与之正确相处，费斯汀格法则告诉我们："生活 10% 由发生在你身上的事情组成，另外的 90% 则由你对所发生之事的反应决定。"当负面情绪来袭时，用什么样的方式对待它，才是决定"好坏"的分水岭。

1. 放弃与负面情绪的对抗

埃克哈特·托利在《当下的力量》中写道："情绪通常代表一种被放大了的极其活跃的思维模式，由于它有巨大的能量，你很难一开始就观察到它。它想要战胜你，并且通常都能成功——除非你有足够强大的觉察当下的能力。"

你可能也有过与消极情绪抗争、试图摆脱其困扰的经历，但消极情绪仿佛被施了魔咒：你越是想从中挣脱，它就越是将你紧紧缠绕。这是因为，思维和情绪会相互作用、彼此赋能：

当我们处于消极情绪状态时，更容易产生消极的想法，这些消极想法又会加深消极情绪，形成一个恶性循环。

👉 接纳此时此刻的状态

当负面情绪出现时，你可能会忍不住责备自己、怀疑自己。无论你的内心出现了什么样的声音，从这一刻开始，希望你重新认识一个事实：真正让你痛苦的不是消极情绪本身，而是你解读它的方式，以及不停地指责自己的状态。

所以，不妨听一听埃克哈特·托利的忠告："你的大脑总是倾向于否定或逃避当下。事实上，你的大脑越是这样做，你遭受的痛苦就越多。换句话说，如果你能尊重和接受自己现在的状态，那么你的痛苦也会随之减少——你将摆脱大脑的控制，从你的思维中解放出来。"

2. 把自己和负面情绪区分开

我们常常会把情绪与自我捆绑在一起，最典型的表现就是：当悲伤的情绪涌现时，我们会说"我很难过"；当愤怒的情绪袭来时，我们会说"我很愤怒"。你或许会质疑：这有什么不妥吗？大家都是这样说的呀！

实际上，这种表达方式确实存在问题：用"我很伤心""我很生气"等语句来描述情绪，无形中就在自己和情绪之间画上了等号。然而，情绪不过是一种短暂的体验，它不能代表你，你只是在生命的某个特定时刻感受到了它而已。

☞ 改变描述情绪的方式

我们无法控制消极情绪的出现，但可以选择清醒地认识和对待它。如何将自己与负面情绪区分开来呢？当你产生负面情绪时，可以试着这样来表达：

——"我正在体验焦虑的感觉。"

——"我正在体验恐惧的情绪。"

——"我正在体验……的情绪。"

与"我很焦虑"相比，这样的表达方式可以起到提醒的作用：你是情绪的体验者和见证者，情绪不能代表你。这样的表达方式能够为你创造心理空间，让你从情绪中抽离。

3.觉察负面情绪背后的不合理信念

人的情绪与思维模式、信念息息相关，对于同一件事，不同的人会有不同的看法，从而产生不同的情绪反应。一旦形成不合理的信念，就容易滋生负面情绪。所以，要减少负面情绪出现的频率，就要觉察和修正隐藏在负面情绪背后的不合理信念。

美国心理学家艾利斯把不合理信念归纳为三大类：

○ 绝对化要求

对事情发生或不发生怀有确定的信念，常以"必须""应该"等形式出现，带有一厢情愿的意味，忽略了现实性，比如："我对你好，你就应该对我好。"

○ 过分概括

以某一件或某几件事情来评价自己或他人的整体价值，比如："这么一件小事都做不好，你真是一无是处。"

○ 糟糕至极

认为事情一旦发生，后果会非常可怕、非常糟糕，简直是一场灾难。比如："孩子要是考不上高中，将来找不到好工作，这辈子可怎么办呢？"

事件或想法本身无法决定情绪，影响情绪的是我们对事件或想法的解读方式。想要纾解情绪，修正消极情绪背后隐藏的非理性信念，起着至关重要的作用。

人的精力都是有限的，经常被不合理的信念裹挟，是一种无谓的消耗。如果我们产生了不合理信念，并受到其困扰，可以借助美国心理学家艾利斯创建的情绪 ABCDE 模型，帮助自己改变不合理信念。

A	B	C	D	E
Adversity 诱发事件	Belief 信念	Consequence 结果	Disputation 驳斥	Energization 赋能
"唉！领导对我的方案不太满意，让我修改。"	"我的设计能力有限，很平庸。"	"我是不是得提前找找工作了？以免太被动。"	"不，领导也认可了我的一些想法，他没有质疑我的能力，只是让我调整风格。"	"我要打破现有的框架，换一种风格。"

第 1 步：梳理诱发事件，即任何引起紧张的情形。

——领导对我的设计方案提出了修改意见。

第 2 步：整理出由该事件引发的信念，即如何评价诱发事件。

——我的脑子里冒出一个想法："我的设计能力很平庸。"

第 3 步：评估结果，即评估消极信念导致的消极行为，会带来什么样的结果。

——我认为自己做得不好，想到要提前找下一份工作，以免被解雇时太被动。

第 4 步：驳斥，即积极驳斥那些非理性信念。

——在整个沟通的过程中，领导的态度很温和，也认可了我的一些想法，他应该不是质疑我的能力，而是认为现在的风格缺少质感。

第 5 步：赋能，即采用理性信念，获得积极的新行为结果。

——我要打破现有的框架，换一种新的风格。

其实，事情本身并没有发生任何变化，可是改变了看待它的方式，就会产生不一样的影响。如果能够及时觉察自己想法中不合理的成分，及时进行调整，就能有效地阻断负面情绪的产生，继而减少身心上的无谓消耗。

04 获取正向情绪，滋养情感精力

> **核心笔记**
>
> 借助内在满足与深度交流，为自己补充情感精力。

当负面情绪占据主导地位时，我们可以勉强维持表面上的笑容，却难以掩盖精疲力竭、效率低下的状况，这恐怕也是成年人最为苦恼的困境了。时间一分一秒地流逝，生活的车轮不断向前滚动，没有谁会停留在原地等待我们收拾好心情，再去完成那些应尽的责任和义务。

面对这样的处境，我们迫切需要的是迅速为自己补充情感精力，恢复应对问题、打理生活的效率。这便引出了一个重要的思考：怎么做才能有效地补充情感精力呢？

1. 找到压力诱因，掌握解压方法

没有人喜欢压力，可压力又是不可或缺的，因为紧张是身体对外界强加给自身的刺激的应激反应。对任何人而言，一定程度的压力是自然且必要的，但不能超限，否则身体为了应对刺激，就会反复过量地分泌激素，导致机体过度损耗。当你感觉压力过载、不堪重负时，千万不要坐等身心被掏空，一定要

学会主动缓解压力。

2012 年，国外心理研究机构提出了心理压力的四大来源：挫败感、矛盾冲突、变化以及压迫感。识别压力源是缓解压力的最直接方法，但要想真正地平衡压力，还需要了解自己的压力诱因，即哪些因素容易让你产生压力。

每个人的成长经历不同，所处的境遇不同，所以压力诱因也不一样。曾经，我会因为不好意思拒绝别人而陷入压力之中，我在潜意识里害怕这种做法会伤害对方。你可以通过思考以下几个问题，对自身的压力诱因进行判断：

（1）哪些因素会让你产生压力？

（2）在哪些场合会出现这种情况？

（3）当你处于压力状态时，你是否在试图逃避某种情况？

（4）你通常采用哪些方法来缓解压力？

（5）在承受压力时，你会有怎样的情绪反应？

（6）在承受压力时，你的脑海中会浮现哪些想法？

（7）你感觉压力主要积聚在身体的哪个部位？

（8）你的压力状态通常会持续多长时间？

当你了解了自己的压力诱因，知道哪些情况容易让自己产生压力时，你会更容易地预测并避免这些情况，从而防止压力过载。如果压力已经产生，你可以通过深呼吸、冥想、运动、写作等方式进行解压。

👆 **快速解压练习：写作疗愈**

当压力袭来时，头脑很容易变得混乱，理不清思绪。这个时候，不妨用书写的方式，帮助自己梳理思绪。

第1步：准备一张纸和一支笔，把脑海中的想法全部写出来，不用管顺序。

第2步：对列出的事务进行标记。哪些让你感到焦虑？哪些需要处理？哪些是挑战？哪些是你不想看见和面对的？把你认为最重要的事务筛选出来。

第3步：重新拿一张白纸，分成两栏，对筛选出的重要事务再次进行归类。

（1）现在有条件和能力完成的事项——列出可采取的行动。

（2）现在暂时无法完成的事项——列出存在的问题，并努力地解答。

当你列出了几种可能性，问题的答案往往就快浮出水面了。如果自己想不出来，可以尝试求助可信任的人。当两类事项的行动清单列出来后，制订一个时间规划，逐项处理。

2. 享受让自己放松的"满足时刻"

如果长期处在同一环境中，做着高强度的工作，就会心生厌烦和焦虑。特别是对自己要求过于严苛的人，压力成瘾的概率更是会大幅增加。当精力被严重消耗时，最有效的修复方式，就是给自己留一点时间，去享受真正让你放松和满足的时刻。

👉 找到你的"满足时刻"

所谓"满足时刻"，就是那些让你感到愉悦、放松，甚至充满满足感的瞬间，比如：品一杯热茶、散步、听音乐，或是沉浸在自己喜欢的事物中。这些小小的片段，可以有效地帮你缓解压力、恢复能量，让身心得到喘息。

3. 深层次的沟通，滋养情感精力

当压力不断累积，自身又缺乏情感支持和释放渠道时，焦虑、倦怠甚至抑郁便会悄然而至。曾经，我也陷入过这样的困境。

有一段时间，工作压得我喘不过气，每周一次的赋能心理课也成了一种负担。某个周五晚上，心理课搭档牛姐给我发消息："明天能早点来吗？我给你准备了小礼物。"我疲惫地回复："最近太累了，好像生活都不是自己的了，整个人也很不好，我不想去了。"没想到，牛姐却回应我："既然这样，那你就更应该来了！"

最终，我还是拖着疲倦的身心去了课堂。课堂的氛围很好，大家都可以彼此共情和抱持。我把积压许久的焦虑、委屈、不满一股脑地倾吐出来，一度失控落泪。搭档牛姐只是安静地听着，不时递上一张纸巾，没有急于安慰，也没有试图转移话题，给了我足够的空间去表达。那一刻，我感受到了一种难得的情感接纳和理解。

自那以后，每周一次的心理课成了我走出封闭、缓慢复原的动力。每次与牛姐深度交流，都像是为我枯竭的内心注入了一股暖流，让我在高压之下保持着情绪的韧性。这段经历也让我深刻体会到，一段高质量的关系，不仅是陪伴，更是修复情感精力的重要途径。

当一个人长期处于高压状态，最容易失去的便是情感的联结和支持。如果总是压抑自己的感受，独自消化所有的情绪，压力便会在无形中侵蚀内在能量。深层次的沟通，不同于表面上的交流，它是一种能量的流动与滋养。

当你面对一个真正理解你的人，能够毫无顾忌地表达自己的感受，而对方也能给予足够的共情和接纳时，这种深度的联结本身会让人产生安全感和愉悦感。这也解释了为什么有时候和知心朋友聊一聊，哪怕问题没有立刻解决，心情也会变得轻松许多，因为在沟通的过程中，我们获得了情感上的滋养和力量。

05 注意力在哪里，能量就流向哪里

📖 核心笔记

你的一切价值，都是你注意力的产出。

1990 年，哈佛大学心理学系的助理教授丹尼尔·西蒙斯与

研究生克里斯托弗·查布利斯共同设计了一项著名的实验：看不见的大猩猩。

实验的参与者是一群哈佛大学的学生。研究人员给他们播放了一段篮球比赛的视频，并要求他们记录穿白色球衣的球员传球的次数。然而，视频播放结束后，研究人员提出了一个令人意想不到的问题："你们是否注意到有只大猩猩从球员之间走过？"

参与者们感到困惑，纷纷表示怀疑：怎么可能有大猩猩？超过 50% 的参与者声称他们根本没有看到大猩猩。这个实验经过多次重复，结果都是一样的。有意思的是，当参与者们带着这个问题重新观看视频时，他们惊讶地发现，确实有一只大猩猩在球员中穿行，并在镜头前停留了 8~9 秒，而他们之前完全没有注意到！

人的注意力是有限的，无法同时注意所有呈现的刺激，只能有选择地注意某一刺激，忽视环境中同时出现的其他刺激，这种现象叫作选择性注意。

客观事物是多种多样的，但在特定的时间内，我们只能按照某种需要和目的，主动而有意地选择少数事物作为知觉的对象，从而对其他事物做出模糊的反应。注意力是稀缺资源，你把注意力投放在哪里，你的精力就会流向哪里，正如李笑来在《财富自由之路》中所说："和注意力相比，钱不是最重要的，因为它可以再生；时间也不是最重要的，因为它本质上不属于你，你只能试着和它做朋友，让它为你所用；而注意力才是你所拥有的最重要的、最宝贵的资源。所以，你必须把最宝贵的注意力全部放在你自己身上。这可能是人生中最有价值的建议——因为最终，你的一切价值，都是你的注意力的产出。"

不珍惜自己注意力的人，终其一生都在被外界收割，难以取得真正有价值的成果。你把精力聚焦于何处，决定了你将拥有怎样的经历，而这些经历又反过来塑造了你的生活，最终定义了你是一个怎样的人。如果你把注意力放在了收发邮件、开会、闲逛网页、刷短视频、追剧、玩游戏上，用不了几周或几个月，你的生活里就会塞满你不想要的"经历"，而你却浑然不知。待到醒悟的时刻，往往已为时过晚，没有时间和精力再去完成那些对自己有意义的事。

精力管理的核心，其实就是管理注意力，这也是提升效率的关键。无论我们有多少精力，如果无法集中注意力，它就会被浪费或分散到无关紧要的事物上。概括来说，管理注意力要从控制外部因素与内部因素两方面入手：

1. 控制外部因素，对抗分心干扰

有效的外部控制，意味着减少干扰，创造一个适合深度工作的环境。关闭不必要的电子设备通知，远离社交媒体和分散注意力的事物，尽可能地把时间和精力用在重要的事务上。此外，设立物理界限，比如使用"请勿打扰"的标识，或佩戴降噪耳机，也是防止外部打扰、集中注意力的有效方式。

2.控制内部因素，力求全情投入

有效的内部控制，是专注于管理自己的思维和情绪，避免心力的耗散和走神，比如：练习正念冥想，学会将注意力集中在当前的任务上，而不是被过去的回忆或未来的忧虑所牵绊；工作时只打开一个窗口，全力以赴地完成这项既定任务，不要同时做多件事；做事的过程中，有琐碎但重要的事情打扰，可将其迅速记在便笺纸上，避免占据大脑空间；合理规划每日任务，设定明确的目标和截止时间，保持做事的动力。

注意力管理涉及很多细节问题和具体方法，我们会在后续的章节中详尽地介绍。总而言之，深度工作是一种能力，夺回对注意力的控制权，就是夺回对人生的掌控权！

06 持久的动力，源自深层的意义感

📖 核心笔记

找到内心最坚定的价值取向，才能做到全情投入，体验到持续的满足感。

正如乔安娜·席拉在《工作，承诺与背叛》中所言："如果工作的内容是帮助他人、减轻痛苦或改善我们的生活环境，那么我们会感到幸福。纵使工作本身不是如此，我们也可以努力将工作场所变成传递和培养深层价值观的土壤。"

在震惊全球的美国"9·11"事件中，坎托·菲茨杰拉德公司成了这场灾难的受害者。公司原本有近1000名驻纽约员工，但因袭击失去了2/3的员工，IT系统和大量数据也遭到了严重破坏。在公司面临生死存亡的时刻，幸存的员工心灵上都受到重创，震惊和悲痛几乎吞噬了他们。

几天后，坎托·菲茨杰拉德公司董事长宣布：未来5年内，公司利润的1/4将用于资助遇难员工的家属。这一决定，给幸存员工带来了极大的鼓舞。随着这一行动的展开，员工们开始重新振作，努力工作，甚至有些曾经离职的员工也主动要求回归。

坎托·菲茨杰拉德公司的员工沿着这一条路，发现了过去从未调动过的情感资源，同情、怜悯、耐心、毫无怨言地忍受艰苦的临时工作环境，且这些情感资源也在一点点地帮他们抚平创伤。这也印证了一个事实，人的意志精力来自深层价值取向与超越个人利益的目标。

只有真正深刻地关心自己所做的事，找到真正的使命感与目标，才可能做到全情投入。相比外部的金钱、社会地位、认同感等外在动机，这是一种内在的动力，它来自对事物本身感兴趣，且能够带来内心的满足感。

罗切斯特大学人类动机研究组发现，相比只有单纯的外部激励，人一旦拥有了自发产生的内部动机，在做事的时候就会变得更热情、更自信，更有恒心与创造力。

几年前，我拜访了一位广州美业咨询公司的总裁。她自2005年踏入美业行业，最初自己经营一家美容美体中心，一边打理店铺，一边参加培训学习，把学到的东西带回门店，帮助员工解决实际问题。几年之后，她的店铺渐渐做得有声有色，还开设了两家分店。

随着店铺的成功，越来越多同行向她请教经验，她毫不吝啬地分享自己的心得和方法。在外人看来，她的做法可能会折损店铺的竞争力，导致"教会徒弟饿死师傅"，但她并不在意，反而在这种分享的过程中找到了更深的满足感。

后来，她决定将店铺交给信任的员工打理，自己创办了美业咨询管理公司。她不再只为自己而做，而是找到了超越个人利益的使命感——培养更多高素质的美业人才，帮助整个行业进步。她深知，如果一切只为自己，最终会忽视客户，带来行业的乱象。但当她开始怀抱利他之心时，每一分努力都不再是负担，而是无尽的动力源泉。

她的经历让我深刻感受到，当一个人超越了个人利益，开始将自己的生命与他人的福祉紧密联系时，他所获得的满足感，远远超过了那些短期的利益所能带来的。而这种价值观的转变，不仅改变了她个人的命运，也改变了她所领导的团队，甚至带动了整个行业的进步。

财富、权力、名利都可以促使人采取行动，但它们终究是外部激励，带来的动力是短暂的，满足感也容易消失。只有找到自己真正认同的价值取向，才能发自内心地投入其中，既高效又持久，并在过程中获取源源不断的满足感。

对多数普通人来说，可能尚未有创业的经历，也没有带领企业找寻使命和愿景的契机，但这并不妨碍我们在生活中理解并运用这一精力法则。事实上，就工作这件事本身而言，也存在深层价值取向的问题。

如果你认为努力工作、取得成绩的唯一目的就是获得老板的认可，在公司里获得器重，那么一旦出现意外情况——比如薪水下降、工作得不到老板的肯定，你很可能会失去工作的动力，被沮丧和不满的情绪所困扰。当精力被这些负面情绪消耗殆尽时，你的工作表现会显著下降，情况愈加恶化，最终陷入恶性循环。

问题的根源在哪里？其实很简单，就是将自己的价值完全交由他人来评判。

如果努力工作只是为了取悦老板、赢得赏识，那么失望将是不可避免的。相反，如果将注意力集中在自我成长和技能提升上，即使环境不尽如人意，途中遭遇挫折，我们也能正视问题、解决问题，将一切视为一种考验和成长的经历。坚守自己的价值观，为目标而奋斗，往往能赋予我们力量，使我们不被怨怼和不安的情绪所困扰。

没有使命感与目标，很容易在无常的生活风暴中迷失方向。只有建立起更深层次的价值取向，让使命感从负面转向正面、从外部转向内部、从利己拓展到利他，才能获得更强大、更持久的动力，并获得更深层次的满足感。

第 3 章

目标的意义
让投入的精力持续积累复利

01 没有目标的努力，勤奋又低效

📖 **核心笔记**

忙碌本身没有意义，真正有意义的是稳步地朝着目标行进。

在《爱丽丝漫游奇境记》中，爱丽丝和柴郡猫之间有这样一段对话：

爱丽丝："请你告诉我，我该走哪一条路？"

柴郡猫："那要看你想去哪里。"

爱丽丝："去哪儿无所谓。"

柴郡猫："那么走哪条路也无所谓。"

看似不经意的问答，实则蕴含着深刻的哲理，很值得思考和回味。没有目标地游荡，走哪一条路都没有意义，因为不存在所谓的终点，也不需要任何结果。可是，如果生活按照这样的模式来行进，就未免有些可怕了，毕竟人生只有一次，没有确定的方向和目标，只是盲目地前行，无疑是对时间、精力和生命的浪费。

回想过去的一年或几年，你的生活发生了哪些变化？你有哪些确定的收获和进步？和你的预期相差多少？你还要在哪些方面付出努力或做出调整？

如果你能够给自己一份相对满意的答卷，说明你是一个有目标思维和执行力的人，能在纷乱之中保持自己的节奏，这非常了不起。

如果这些问题让你产生了困惑，不由得感叹："我自诩还算努力，也没有偷懒，为什么得不到想要的结果呢？"也许，问题不是出在态度上，而是出在方向上。

法国作家哈伯特说："对一只盲目航行的船来说，所有的风向都是逆风。"这句话强调了目标的重要性，陷入忙而无获的窘境时，你需要停下来思考一下：什么对你而言是最重要的？你的努力有没有和明确的目标挂钩？你有没有在正确的方向上持续积累复利？

没有清晰明确的目标，忙碌往往只是对眼前问题的短期应付，甚至是对自己内心不安的逃避。这样的勤奋是无效的，在此过程中耗费的时间和精力，也是无法找回的。人生是一场马拉松，不能只顾着眼前该做的事，还得想清楚未来的发展目标和路径，找到为之努力的理由和价值，并将这种实现目标的成功逻辑想透彻、想清楚，让每一个阶段的自己都知道该做什么，并能整体地、系统地、长时间地为了既定目标付出行动。

在我周围的朋友中，林昊是活得最通透的一个人。说他"通透"，是因为从十几岁开始，他就清楚地知道自己想要什么。那是 2000 年的时候，读初中的他参加了一个游学夏令营，这次旅行让林昊领略到了不同国度、不同文化的魅力，他决定将来要到英国留学。

这个目标激励着他，他开始努力学英语，高中时上了私立的双语学校。大学报考志愿时，他选择了 2+2 模式的高校，先在国内读两年，再去英国读两年。当时，北京和哈尔滨各有一所这样的高校，为了锻炼自己的独立能力，他舍近求远，选择了去哈尔滨。

大一下学期，他顺利通过了雅思考试。两年后，他踏上了去英国的求学之旅。十年的时间，换来了梦想实现的喜悦。不过，林昊并没有停下脚步，他又给自己设置了新的目标：本科毕业后继续攻读船舶制造的研究生，学以致用，从事与之相关的工作。

研究生毕业那年，林昊在英国找到了一份做海工装备的工作。这一年，他的奶奶突患重病，为了陪伴亲人度过最后的时光，他放弃了那份工作，回到了北京。半年后，奶奶离世了，他调整好心情后，再度朝着自己的目标出发。

其间，英国石油公司向他发出了邀请函，希望他申请亚太地区的岗位。由于这不是他心仪的方向，他谢绝了。随后，他又参加了吉宝集团和马士基集团的面试，当时申请职位者有1000 人左右。面试结束后，林昊开始犹豫："两个公司、两个岗位、两个不同的方向，如果都通过了，该如何抉择呢？"

为了有一个更清晰的思路，他找到了一直有联系的英特马林公司的职业经理人，向对方请教如何分析两条路的发展趋势，以及未来的定位。在排除各种干扰因素后，他最终更倾向于马士基集团，尽管吉宝集团开出的薪资待遇更为优厚。

最终，林昊得到了马士基集团的录用。他先在上海的分公司工作了半年，之后调往了丹麦哥本哈根的总部。关于自己这些年的经历，他写了一些文章记录，其中有一段话特别值得分享："做任何事都应当有一个目标，它就像一盏指路的明灯，为你在前行的路上节省不必要的纠结和犹豫，让你能更专心地去坚持做好一件事。"

没有目标的精力投入，很难为自己积累复利。作为一个真实的见证者，我知道林昊能够走到今天，靠的并不是单纯的运气和努力，他知道自己想要什么，始终把有限的精力投入到最想实现的目标上。无论是当初选择放弃就业机会，回国陪伴奶奶走完最后一程，还是后来选择到马士基集团任职，这些决策的背后都是他对自我价值和人生意义的理解与坚持。

目标和意义感是精力金字塔最顶端的能量来源，是站在当下去给未来的自己一个定位和期待，指引我们去做内心一直渴望去做的事，在分心时敲响警钟，在迷茫时指引方向，把有限的资源和精力用在最有价值的事情上，在面对重大人生抉择时做出最符合自己内心的选择。

02 为什么你立下的目标实现不了

核心笔记

"我要……"和"我想……"只是愿景，不是真正的目标。

新年伊始，橘子小姐为自己立下了"七字箴言"目标：变瘦、变美、变有钱。这或许是每个女孩的愿望与追求——希望自己能够永葆青春活力，不被时光侵蚀，并通过自身的努力积累财富，获得内心的安全感。

听起来很不错，是吧？其实，这是橘子小姐延续了三年的目标，每年的心愿都如出一辙，却一次也没实现过。她也做了一些努力，比如：买减脂餐，办健身卡，购买线上课程，金钱和时间都投入进去了，可仍然是保持着 140 斤的体重，拿着与去年相同的薪水。其实，她也并没有偷懒和闲着，可为什么立下的目标总是无法实现呢？

我们仔细剖析一下橘子小姐的愿望——"变瘦、变美、变有钱",看起来是给自己设置了努力的方向,但这个方向太模糊、太笼统了。试问:变瘦和变美的标准是什么?变有钱要用什么来衡量?一切都是模糊的、泛泛的,只是一个笼统的概念。这样的目标,充其量是一个愿景,根本算不上是目标。真正的目标,应该是把愿望转化为具体的内容,比如"3个月内减重10斤""今年要努力发展副业,年收入增加5000元"。

单纯地对自己说"我想做什么",而不清楚"究竟要做什么,该怎么去做",这种"想"永远都只是"想",很难成为现实。没有一个明确的目标,往往会造成精力的无谓浪费,还可能会让自己失去动力,不清楚自己该做什么。

为了避免这样的情况发生,建议大家在设定目标时参考一下 SMART 原则:

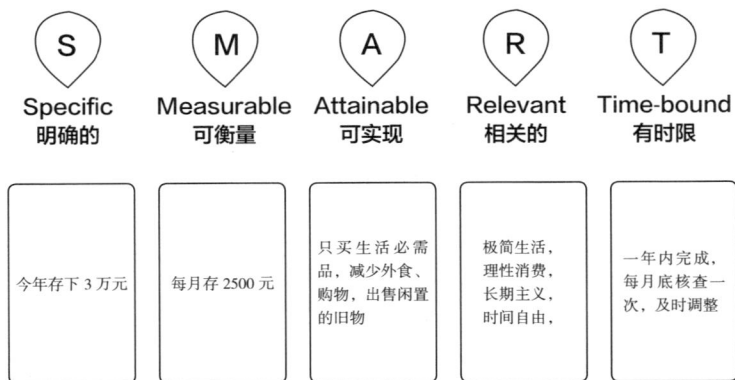

S	M	A	R	T
Specific 明确的	Measurable 可衡量	Attainable 可实现	Relevant 相关的	Time-bound 有时限
今年存下3万元	每月存2500元	只买生活必需品,减少外食、购物,出售闲置的旧物	极简生活,理性消费,长期主义,时间自由,	一年内完成,每月底核查一次,及时调整

S（Specific）：明确的

保证目标明确，就是把期望集中在一个特定的目的上。比如："我今年要攒下 3 万元""我要在半年内减掉 25 斤的体重"。

M（Measurable）：可衡量

目标可衡量，就是要有一组明确的数据，作为衡量是否达标的依据。比如："每个月发工资后，强制存款 2500 元""每月减 4 斤，每周减 1 斤"。

A（Attainable）：可实现

制订可实现的目标，即通过现有的时间规划和执行力，确保可以实现的目标。比如："月收入 1 万元，房租和生活成本需要 6000 元，存 2500 元可以实现""每周 1 斤的目标，不会让自己感到痛苦，容易坚持"。

R（Relevant）：相关的

目标必须与其他目标和整体愿景保持一致。比如："养成存款的习惯，是希望学会理性消费，多一点存款和保障，获得更多的时间自由""减轻体重，是为了预防慢性病，拥有高质量的生活"。

T（Time-bound）：有时限

目标设置要有时间限制，拟定完成目标所需的时间，并定期检查进度，及时掌握进展，以便及时调整。比如："每个月的月底核查存款情况，如果没有完成既定目标，次月要调整消费，尽快弥补""本周减脂未达标，下周就要调整饮食结构，加强运动，以确保整体的进度"。

学习的最终目标是付诸实践。现在你可以根据 SMART 原则，为自己设定一个切实可行的目标，让自己知道接下来该做什么、怎么做、多久能够完成，以及最终达成什么样的结果。这样的目标才是有指导意义的，也能让我们在忙碌中保持方向感和动力。

03 具象化分级：剥洋葱法和多叉树法

📖 核心笔记

把大目标拆成小目标，把大问题拆成小问题，实现步步为营。

苹果公司的创始人史蒂夫·乔布斯曾说过这样一段话："人生的种种经历就像一个个点滴。你无法在展望未来时串联点滴，你只能在回顾过去时将其升华。所以你要相信，这些点滴片段会在未来以某种方式串联起来。你要相信某种东西——直觉也好，命运也好，生命也罢，或者因缘甚至是其他一切。这种方

法从来没有让我失望，在我的生活中，这种意念造就了我的与
众不同。"

这些话乍听起来有些晦涩，实际上它要传达的核心理念并
不复杂，就是提醒我们要学会经常性地制订短期目标，把它们
和中长期目标结合起来。这些不起眼的点滴目标逐一实现之后，
就会串联成中期目标，直至最后串联成长期目标。

知道自己的终极目标是什么很重要，但要实现这个目标并
不容易。我们的大脑为了节省资源和精力，往往会本能地抗拒复
杂的、有难度的事情。那些执行力强、内耗较少的人，不一定都
是天生的行动派，或是拥有超乎常人的意志力。很多时候，他们
只是更擅长把大目标拆解细化成一系列可操作、可衡量的小目标，
让模糊和庞大的事项，变成清晰和具象的步骤，不仅降低了行动
的门槛，还能在每一步完成后获得成就感，为自己补充情感精力。

怎样对一个大目标进行拆解呢？最常用的方法有两种：

1. 剥洋葱法

把目标视为一个完整的洋葱，一层一层地剥下去，把大目
标分解成多个小目标，再把这些小目标分解成更小的目标，直
至具体到此时此刻要做的事务。

实现目标的过程是循序渐进的，从低级到高级，从现在到
将来，从小到大。当你有了一个明确的目标之后，要把它拆解
成 5~10 年的长期目标，然后把每一个长期目标分解为若干个

2~3 年的中期目标，再把每个中期目标分解为若干个 6 个月 ~1 年的短期目标。最后，把每一个短期目标分解为月目标、周目标、日目标，直至分解到此时此刻该做什么。

2. 多叉树法

人生目标如同树干，每一级的小目标相当于树枝，现在需要去做的细微之事，就像是树上的叶子。大目标和小目标之间的关系是逐层递进的，每个小目标都是实现大目标的条件，大目标是小目标完成的结果。当所有的小目标都实现了，大目标也就实现了。

第 1 步：写下你的大目标，思考一下实现这个目标的条件是什么，并把实现目标的必要条件和充分条件列出来。这些条件就是达成该大目标之前必须首先达成的小目标，这就是大目标的第一层树杈。

第 2 步：继续思考实现这些小目标的条件是什么，再列出达成每一个小目标所需要的必要条件与充分条件，这样就勾勒出了各个小目标的第二层树杈。

第 3 步：如此类推，直到画出所有的树叶，就算完成了目标的多叉树分解。

从叶子到树枝，再到树干，你要不断地反问自己：如果这些小目标都能实现，大目标是否一定能实现？当你能够毫不犹豫地回答"是"的时候，说明分解已经完成。如果你的回答是

"不一定"，就证明所列出的条件还不够充分，需要进一步补充。一棵完整的目标多叉树，其实就是一套完整的行动计划，因此目标多叉树也称为"计划多叉树"。

04 与其跟短板死磕，不如让优势带路

📖 **核心笔记**

　　设定目标不是为了折磨自己，而是为了让自己高效地成长。

　　每个人都希望自己变得更好，实现内在的成长与外在的收获，但在给自己设定成长目标时，很多人不自觉地陷入了一个怪圈，总想弥补自己的缺陷与不足。结果呢？已经很努力了，可进展始终缓慢，收效也甚微，让人不由得怀疑，是不是自己还不够努力。于是，咬牙发誓，一定要和短板死磕到底。

　　这么做能不能突破自我是一个未知数，但可以肯定的是，它会让人感到疲惫不堪，因负面情绪而产生严重的精力耗损。把目标建立在短板上，如同让一个不擅长跑步的人去训练马拉松，或是让一个方向感极差的人去当徒步向导，不仅事倍功半，

还容易让自己产生强烈的挫败感，觉得怎么努力都不行，对自己的能力产生怀疑。

美国《成功》杂志的创办者奥里森·马登说："世界上有一半的人从事着与自己天性格格不入的工作，而做自己所不擅长的事情往往徒劳无益。因此，失败的例子数不胜数。在职业生涯的选择上，要扬长避短，你的天赋所在即是你命中注定的职业。"

让投入的时间和精力有最大化的产出，最好的路径是结合自己的优势设定目标，不仅容易看到成果，还能调动积极性、滋养精力。每一次被问及成功秘诀的时候，百度 CEO 李彦宏都会这样说："做自己最喜欢的，做自己最擅长的。"选择了最喜欢的，才会越做越开心，在遇到困难挫折的时候，不沮丧、不颓废，全身心地去享受整个过程。选择了最擅长的，才会在最有优势的领域，打造出自己的核心竞争力，并产生复利效应。

作为普通人，我们该怎样设定目标，才能充分发挥自己的优势呢？

1. 识别主导才干，精准设定目标

不是所有的努力都能带来成长与突破，基于自身的主导才干去设定目标，有针对性地提升技能，才能避免低效或无效的勤奋。

你在哪些事情上比别人做得更好？别人常常夸赞你什么？

你学习什么事物最快？做什么事情最容易保持专注？这可能就是你的优势所在。假设你对绘画很感兴趣，且具备这方面的优势，那你可以学习与绘画相关的技能，如平面设计、绘本插画等，这样比较容易打造自己的核心竞争力。

如果你不能确定自己是否真的具备某方面的才干，就要在平日里多观察，特别是在接触和学习新事物时，需要重点关注三个方面：渴望、学习速度和满足感。

有些时候，我们对某一件事感兴趣，向往某一个职业，可能只是出于好奇，并非真的擅长。遇到此类情况就要学会祛魅，客观地、全面地了解这项新事物。祛魅之后，如果发现自己并不如一开始那么喜欢，无须勉强自己；反之，如果依然对其充满渴望，说明你是真的感兴趣，可以据此来设定学习或提升的目标。

2. 观察情感反馈，动态调整目标

找到自己喜欢的领域，是一件很幸运的事。然而，在找到之后能够坚持多久，又是一个问题。你要留意自己的感受，来评估目标的适配度，比如：你做的这件事有多少成效？进步如何？做起来有多难？做的时候是否愉快？是否有成就感？如果没有外在的奖励，你还愿意做下去吗？

在执行目标的过程中，如果你的反馈都是积极的、美好的，那么这条路就是适合你的；如果你体验到的不是愉悦感和成就

感，而是焦虑与疲惫，就要考虑调整方向了。

　　选择不仅是一种决定，更是一种能力。这种能力源于对自己清晰的认知——了解自己能做什么、不能做什么，擅长什么、不擅长什么，以及喜欢什么、不喜欢什么。实现精力投入产出最大化的捷径是发挥自身优势，而不是一味地跟短板死磕。对于那些不足之处，我们只需要正确认识，花费一点点精力对其加以控制，确保它不影响优势的发挥就可以了。

05 聚焦核心目标，用舍弃成就卓越

> 📖 **核心笔记**
>
> 　　人的精力是有限的，什么都想兼顾，什么也做不好。

　　太阳普照着万物，可是任它再怎么发光发热，也无法点燃地上的柴火。可是，当你拿着一面小小的凸透镜，让一小束阳光长时间地聚集在某个点上，哪怕是在最寒冷的冬天，也能把柴火点燃。这个为人所熟知却常常被忽视的原理告诉我们，再强大的力量被分散在多个方面，也会变得丝毫不起眼；再微弱的能量集中在一起，也能创造意想不到的奇迹。

普通人常常因设立太多的目标而精力分散，陷入忙而无获的境地。当我们确定了一个核心目标后，应该像凸透镜聚焦阳光一样，把精力、时间和资源都集中在这一点上，不断地积累能量，直到达到临界点引发质变。在这个过程中，要学会舍弃那些与目标无关的诱惑和干扰，避免精力分散。

晓娜是一个自由撰稿人，长期负责心理学方面的专栏约稿，同时也在做自媒体。去年年底，晓娜接连看到身边的人罹患重疾，她开始对保险行业有了更深刻的认识。对普通家庭来说，能够用支付得起的少部分金钱去转移扛不动的风险，是绝对理性的选择。晓娜希望让一些对保险有偏见的人，重新认识到它的重要性和必要性。

她给自己配置了生活保险之后，也撰写了几篇相关的稿子，反响很不错。她的保险经纪人从业多年，是某保险分公司的主管，在看了晓娜的文章之后，邀请她和自己一起做保险。晓娜当时有些心动，她希望能通过这个平台拓展自己的能力，同时也能增加一份收入。

那段时间，晓娜反复思虑这件事：如果真的选择做保险，每周至少有 3~4 天要到公司打卡、开会，即使不需要全天坐班，可算上通勤时间，起码要半天。这就意味着，她不能像之前一样，全身心地投入到专栏写作中。

思虑过后，晓娜决定，放弃保险公司的兼职。她想到，如果每天要腾出一半的时间做保险，不如把这个时间用来好好经营自媒体平台，这是她更擅长的，同时也有一定的基础。另外，做保险的话，她无法确定是不是能够一直做下去，且还要花费时间和精力联络客户，处理各项事宜，很可能会影响到现在的撰稿工作。

晓娜喜欢写作，这是她渴望长期深耕的职业。撰稿是一项耗费心力的工作，要求高度专注，如果每周要去保险公司打卡、培训，要处理客户的咨询，可能全天都会被碎片化的事务缠绕，根本无法静下心来思考选题和写作。

最后，晓娜拒绝了保险经纪人抛出的"橄榄枝"，选择瞄准核心目标，继续自己的专栏写作和自媒体生涯。她知道，自己的精力和体力不足以支撑两份相隔甚远的职业，不加以取舍的话，大概率两份工作都做不好。毕竟，身体是不会说谎的，心有余而力不足的痛苦，不是靠意志力能够解决的。

每个人在生活和工作中都可能会遇到类似的"诱惑"，以至于站在选择的岔路口纠结犹豫。在这样的时刻，我们需要明确一个核心目标，最好是一个长期的、能够发展成事业的目标。

当其他目标选项出现时，如果它与核心目标密切相关，就可以将其纳入计划表；如果它与核心目标无关，甚至会干扰核心目标的实现，消耗一大部分的精力和体力，就要慎重思量值不值得去做了。毕竟，瞻前顾后、左顾右盼的滋味是很痛苦的，会给自己带来巨大的心理压力和精神内耗。

如果你现在还没有找到自己的核心目标，没关系，可以试着先把手边的事情做到极致，达到一个标杆的高度。在此过程中，你会知道自己该学什么、该做什么、该思考什么。哪怕将来你不再做这件事，这段经历也会让你受益终身。

第 4 章

优先级法则
最重要的事情只有一件

01 效能 > 效率：做正确的事情

📖 核心笔记

先确保做正确的事，再谈做事的效率。

森林管理员走进一片丛林，他没有偷懒，也没有迟疑，立刻就投入到工作中，全神贯注地清理着灌木丛。经过一番艰苦的努力，终于把这片灌木丛清理好了。

当他直起身子，准备享受劳动后的片刻闲暇时，却意外地发现：旁边还有一片丛林，而那才是他真正需要完成的任务。

看完这个故事，你有什么感想？会不会替这位森林管理员感到惋惜？毕竟，他是那么认真，那么兢兢业业，没有一丝偷奸耍滑的心思，付出了很大的心血清理那片灌木丛。可是，他的这些付出，除了给人带来一点感动，有其他意义吗？

很遗憾，没有任何价值，因为真正该做的事情他没有做，那些勤劳、认真、踏实和努力，统统用错了地方。千万不要以为这样的状况只存在于虚构的故事中。大量研究表明，人们在工作中总是依据各种准则决定事情的优先次序，有一项关于

"人们习惯按照怎样的优先次序做事"的调研，结果大致如下：

先做有趣的事，再做枯燥的事。

先做容易做的事，再做难做的事。

先做熟悉的事，再做不熟悉的事。

先做别人的事，再做自己的事。

先做紧迫的事，再做不紧迫的事。

先做已发生的事，再做未发生的事。

先做喜欢做的事，再做不喜欢做的事。

先做经过筹划的事，再做未经筹划的事。

先做已排定时间的事，再做未排定时间的事。

先处理资料齐全的事，再处理资料不齐全的事。

先做只需花费少量时间即可做好的事，再做需要花费大量时间才能做好的事。

先做易于完成或易于告一段落的事，再做难以完成或难以告一段落的事。

先做自己所尊敬的人或与自己有密切利害关系的人所拜托的事，再做自己所不尊敬的人或与自己没有密切利害关系的人所拜托的事。

结合自身的做事习惯回顾一下，上面罗列出来的这些做事优先次序，有多少戳中了你的痛点？要知道，这就是多数人忙碌疲惫却收效甚微的根源所在。

要让投入的精力有价值，一定要先确保所做之事是正确的，而不是在一堆低价值或无意义的事上浪费时间。就像故事里的森林管理员，他用最快的速度清除了灌木丛，虽然这件事情他做得很完美，可从精力管理的角度来看，这样的努力是徒劳的。

提到精力管理和时间管理，很多人第一时间想到的是"效率——正确地做事"，就像森林管理员一样，用最快的速度清除灌木丛。实际上，我们最先要关注的是"效能——做正确的事"，确保自己所做的事情是对的、有价值的。

管理大师彼得·德鲁克说过："效率是以正确的方式做事，而效能则是做正确的事。效率和效能不应偏废，但这并不意味着效率和效能具有同样的重要性。我们当然希望同时提高效率和效能，但在效率和效能无法兼得时，应先着眼于效能，然后再设法提高效率。"

效率与效能，正确地做事与做正确的事，是两组并列的概念。

做正确的事，往往能够给我们的工作提供清晰的思路和明确的方向，接下来只需朝着这个方向或目标努力就行了。在这种情况下，我们是在一个相对稳定的方向上持续前进。可是，仅仅把事情做对，只是工作的一个过程，如果这种高效没有用在正确的方向上，那么做得越多，浪费的精力就越多。

如何才能成为一个有重点、有方向、做正确之事的人呢？

1. 确认自己正在处理真正的问题

工作是一个处理和解决问题的过程，有时问题和解决办法就摆在眼前，但有时需要层层剥茧才能找出真正的问题。在行动之前，你必须确认自己正在解决的问题，是不是真正的问题，方向是不是错了。有时，一忙碌起来，我们就会忘记做最重要、最正确的事。

2. 站在全局的视角思考问题

当多种问题同时存在时，要站在全局的高度思考问题，避免短视。有些问题之间是有关联的，有些问题之间则不存在关联。对于有关联的问题，要作为一个整体去研究解决策略；对于不存在相关性的问题，要进行识别分类，以此提升解决问题的效率。

02 四象限法则：划分轻重缓急

📖 核心笔记

划定问题的优先级，把最重要的事放在第一位。

从前年开始，我每天早上五点起来阅读和写作。很多朋友得知后，纷纷表示赞叹："你真是太自律了。"坦白说，我自己并没有这样的感觉，因为我找不到更好的时间来做这件事了。

阅读和写作是我一天中最重要的事，所以我将其安排在每天的第一个小时。早上写作有一个好处，读者醒来时，新文章已经推送到手机上。如果每天早上给人带来一个启示，让他们有个好的开始，对于一个写作者来说，是再幸福不过的事。

轻博客网站 Tumblr 的创始人戴维·卡普曾说，他在 10 点以前从来不收发邮件，如果有要紧事，对方会打电话或传信息；减少收发邮件的时间，可以完成更多更重要的工作。我非常认同这一点，当我把阅读和写作放在第一位，其他事情自然就会往后排，比如：打扫卫生、处理邮件、回复留言等。有些不太重要的消息，有时我要延迟一两天才会回复。毕竟，这些事务都是精力回报率较低的事，只能留到空闲的时候去处理。

现代人的生活大都是多重任务交叉在一起的，如果不讲方法和原则，想到哪件事就做哪件事，很容易把重要的问题遗漏，可能会捡了芝麻、丢了西瓜。在既定的时间内，让有限的精力实现最大的产出，就得把最重要的事情放在第一位，这样可以提早减轻心理负担，更高效、更自如地完成"次要"的事情。

著名管理学家史蒂芬·柯维提出过一个四象限法则，把任务按照重要和紧急两个不同的维度进行划分，可以分为四种情况：紧急且重要、紧急不重要、不紧急不重要、重要不紧急。

紧急

紧急不重要
委托他人

紧急且重要
立刻去做

不重要 ——————————→ **重要**

不紧急不重要
可以忽略

重要不紧急
计划去做

不紧急

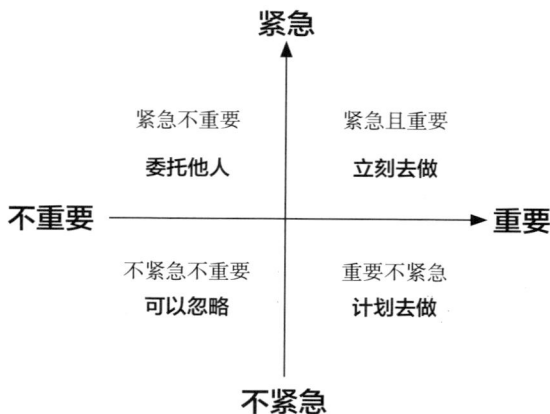

第 1 象限：紧急且重要

这类事情是最重要的事，且是眼下立刻就要解决的，比如：住院开刀，必须在最短的时间内解决，否则会威胁到生命安危；临期的工作任务，做不完的话会影响公司信誉。这类事情是保障生活、实现事业和目标的关键环节，比其他任何一件事都值得优先处理。只有先把这些事合理高效地解决掉，才能安心且顺利地开展其他活动。

从原则上来说，这类事情越少越好，太多的话会增加心理压力，产生心理危机。如果每天都处于焦头烂额的状态，大概率是因为需要循序渐进处理的规划类事务没有做好。

第 2 象限：紧急不重要

话费余额不足的短信通知、快递员打电话提醒取件……这些情况在生活中经常出现，都属于"紧急不重要"的事务。由于其紧迫性，我们常常会产生一种错觉，认为"这件事情必须马上处理"，其实不然。这些问题大都属于琐事，经常性地被琐事打乱做事的计划和进程，就会陷入"瞎忙"的怪圈。

你可以准备一个便笺本，把琐事记录下来，有空的时候挑几件处理，不要过度关注，投入太多的精力。如果自己的时间不充裕，也可以委托他人帮忙处理。

第 3 象限：不紧急不重要

从字面意思可知，这些事既不紧急也不重要，不值得去做。可现实的情况恰恰相反，很多人都被这类事情牵绊了，看无聊的小说、刷微博、看短视频、工作过程中回复社交消息，宝贵的时间和精力白白被浪费了。

从原则上说，这些事能不做就不做，偶尔放松消遣一下，最好给自己限定时间，比如：聊天半小时、看短视频 20 分钟，时间一到立刻停止。

第 4 象限：重要不紧急

运动、健康饮食、学习舞蹈、研读某本专业书、建立一段亲密关系……这些事情不是迫切的、当下必须完成的，却对我们的人生有长远的影响，需要制订长期的计划，循序渐进地完成，这类事情就属于"重要不紧急的事"。

从原则上来说，重要不紧急的事情是最值得关注的，也是应当按照计划循序渐进完成的。每一天为这些事情付出努力，积累起来就会形成质的变化。如果不能合理利用时间和精力，这些长期的目标、长远的规划，最后就会跑到第 1 象限，变成紧急又重要的事，可又难以在短期内完成，给自己带来巨大的麻烦。

现在，你可以尝试将自己要做的事情分别填入四个象限中。通过这种方式，你可以清晰地了解如何分配自己的时间和精力。同时，你也可以明确哪些事情需要优先处理，哪些可以暂缓或委托他人处理，哪些事情需要每天坚持，逐步积累进展。心中有数，方能告别手忙脚乱。

03 "吃青蛙"定律：先处理最难的事

📖 核心笔记

面临两项都很重要的事物，先处理更艰巨、更困难、更重要的那一项。

米先生最近刚刚晋升为市场部经理，每天都感觉工作堆积如山，难以应付。上司要求他在周一提交一份市场分析报告，他很清楚这份报告的重要性——尤其作为新上任的部门负责人，这直接影响到公司对他的绩效考核。

然而，米先生内心对撰写市场分析报告感到厌烦，繁杂的资料和数据让他感到头大，更别提还有很多其他的事务等他处理。面对这样的状况，米先生焦躁不安，根本没法静下心来做事，他心不在焉地查看了一下业绩报表，接着又去布置市场开发任务，至于那份市场分析报告，一直拖到周五，他也没有处理。

周一就要提交了，这块"硬骨头"不想啃也不行了。可是，刚坐到电脑前不久，米先生便感到疲惫，他起身冲了杯咖啡。回到座位上时，一个朋友的电话打来，两人闲聊了半小时，这让他原本就混乱的思绪更加难以集中。他对着电脑屏幕发呆，脑子一片空白。就这样，他一边浏览网页，一边断断续续地写报告，到了下班的时间，市场分析报告连一半也没做完，只能安排到周末加班处理了。

时间管理界流传着一句话："如果你每天早上醒来的第一件事是吃掉一只活青蛙，那么你会欣喜地发现，在接下来的时间里，将没有什么比这更糟糕的事情了。"这里说的"青蛙"不是动物，而是指一天中最困难、最艰巨的任务。

美国商业演说家、时间管理大师博恩·崔西撰写了一本同名的著作《吃掉那只青蛙》，他强调，如果不对最艰难的任务立刻采取行动，很可能会因为它耽误更多的时间。由此，他总结出了一个经典的"吃青蛙定律"，其内容大致有两点：

（1）如果你要完全吃掉一只活青蛙，却只是一直坐在那里盯着它看，看得再久也无济于事。立刻行动胜过千言万语，你必须养成做其他事情之前，每天早上第一件事，不假思索地"吃掉那只青蛙"的习惯。

（2）如果你必须吃掉两只青蛙，那么要先吃那只长得更丑的。换言之，如果你面临两项都很重要的事务，你应该先处理更艰巨、更困难、更重要的那一项。

回看米先生的经历，毫无疑问，撰写市场分析报告就是属于他的那只"青蛙"。因为这件事烦琐复杂，他发自内心地抗拒，从一开始就拖着，把精力投注在那些相比而言不太重要的任务上，到了最后一刻才硬着头皮去处理。

拖延，意味着可以暂时躲开这件令人发怵的事情，但是要承受的痛苦并没有减少，那件未完成的重要任务就像压在心里的一块大石头，让你不时地感到压抑和窒息。你躲开了直面问题的痛苦，却躲不开焦虑带来的情绪内耗。

很多时候，我们抗拒一件事情，可能是因为任务难度大、有挑战性，或是工作本身超出了自己正常的工作范围，故而产生了情绪上的抵触。如果不是自己必须承担的事务，可以干脆地回绝，减轻身心负担；如果是自己必须承担的责任，就要遵从"吃青蛙定律"，抵制趋乐避苦、先易后难的诱惑，把它列为最重要的事务，放在精力最充沛的时间段去完成。

学会区分轻重缓急，克服情绪干扰，优先处理最困难、最重要的事务，是一种协调身心的技能。这种技能并不是天生的，要通过不断实践来养成，在多次重复中将其植入潜意识，最终转化为一种自动的行为习惯。养成优先处理重要任务的习惯，不仅能够带来立竿见影的好处，还能产生持续性的收益。

当你成功"吃掉那只青蛙"后，虽然消耗了一定的体力和脑力，可是情感精力却得到了滋养。这种成就感会促使大脑释放内啡肽，你吃掉的"青蛙"越丑陋（艰巨、重要），体验到的满足感和自信心就越强。

当这种行为成为一种自动模式时，你就开启了正向的能量循环，在完成任务的过程中实现精力的补充。想一想：当你把最不喜欢、最不想做、最困难的事处理掉了，心里该是多么轻松？带着这样的心情去做其他事，会不会觉得是一种享受？

面对一连串任务时，无论你先选择完成哪一项，时间久了都会形成一种固定的习惯。如果你每天总是先处理简单的、低价值的事务，你很快就会养成"先易后难"的习惯。你知道的，这并不是一个明智的选择，也不是你所期望的结果。

鼓起勇气，先去吃掉那只最丑陋的"青蛙"吧！一旦你开始着手处理最重要、最有价值的任务，你会自然而然地告别焦虑，体验到确定感和愉悦感。思维塑造行动，行动深化思维。当你在思想上真心愿意为那些有意义的任务投入大量精力时，你必然会看到截然不同的成效；当你持续以这种积极的状态去做事时，你又会进一步巩固并强化这种积极的思维模式。

04 80/20 定律：锁定高价值的 20%

📖 **核心笔记**

用 80% 的时间和精力，完成最关键的 20% 的事情。

面对多线程的任务时，如果你常常感到手忙脚乱，或是明明比别人更努力、投入更多，结果却不尽如人意，很有可能是精力与任务的分配出现了错位，没有把精力集中于最有价值的事务。针对这种状况，认识并掌握"80/20 定律"，可以得到有效的改善。

"80/20 定律"由经济学家维尔弗雷多·帕累托提出，它指出：在任何一组事物中，最核心、最关键的部分只占 20%，剩下的大多数是不重要的。这一现象在生活中的各个领域广泛存在：

80% 的收入来自 20% 的工作时间。

80% 的销售量来自 20% 的客户。

80% 的成绩是在 20% 的时间里获得的。

80% 的食堂始终重复着 20% 的食谱。

80% 的金钱花在了 20% 的常见消费上。

……

"80/20 定律"提示我们，要把大部分的时间和精力花在那极为关键的事情上，对于琐碎的事情则有选择性地忽视。当然，这并非要求我们直接放弃另外那 20% 的部分，而是合理地取舍，做出最明智的抉择和规划。

最近，刘莎开始接手公司的一项重要业务——维护客户。面对庞大的客户名单和数据资料，她意识到，单纯依靠加班很难做好这项工作。思索之后，刘莎决定先从过去 5 年的客户成交数据入手，了解一下整体的情况。

结果，刘莎惊讶地发现：在过去的 5 年内，有 4 个大客户贡献了约 70% 的营收，剩余 30% 的营收由其他 25~30 个客户贡献。这一发现让刘莎豁然开朗，她决定把 80% 的精力投入到这 4 个大客户的身上，优先确保他们的需求得到响应；对其他客户投入20% 的精力，主动与之保持联系，确保有需要时快速提供支持。

通过对精力的合理分配，刘莎不仅保持了高效有序的工作节奏，也赢得了客户的信任和满意度，销售业绩明显提升。

无论是学习还是工作，都不要在那些琐碎、低效能、低价值的大多数事情上浪费精力，即便你投入了 80% 的时间和心力，至多也只能获得 20% 的收益。相反，选择解决重要的20%，往往能给你带来 80% 的收益。所以，在精力管理时，一定要先给自己的任务按照轻重缓急排序，找出最重要的一件或两件事情，然后集中精力去完成。

那么，如何辨别哪些是价值 80% 的重要事件呢？我们可以参考两个维度：

1. 效益最大化的事项

在确定待完成的任务之前先明确一下能给你带来最大回报的事情。这里的"回报"并不局限于经济回报，还包括心理上的舒适以及具有一定增值潜力的事情。有些事情当下看不出结果，是需要日积月累的。

2. 截止日期即将到来的事项

有的人喜欢拖拉，凭着自己的喜好优先选择自己想做的事情，而把紧急的事情留在后面，这样是不对的，焦虑只会不断升级，严重消耗精力。所以，那些截止日期即将到来的占比20%的事情，是很有必要花80%的时间和精力去处理的。

05　六点优先工作制：时刻都在做要事

📖 **核心笔记**

每天完成六件最重要的事。

美国伯利恒钢铁公司总裁查尔斯·施瓦布在公司濒临破产之际，向效率大师艾维·李寻求帮助。艾维·李花了半小时听查尔斯描述公司的困境与现状，随后他表示："我可以提供一种方法，保证你的公司在短短 10 分钟内业绩提升 50%。"查尔斯自然不太相信，他认为对方并没有真正理解公司处境的严峻性。

艾维·李察觉到了查尔斯的疑虑，他拿出一张白纸，让查尔斯列出第二天需要完成的任务，并建议他每天这样做。随后，他让查尔斯用数字 1~6 标出其中最重要的六件事。

查尔斯用 5 分钟完成了标记。接着，艾维·李让他根据重要性对这六件事进行排序，明确哪件事应该优先完成。查尔斯又花 5 分钟完成了排序。随后，艾维·李说道："这张纸就是我要给你的建议。"他嘱咐查尔斯，第二天工作时，要集中精力先完成标号为"1"的任务，直至结束，再全力以赴地完成"2"号任务，以此类推。

艾维·李认为，如果一个人每天都能全力以赴地完成六件最重要的事，他无疑会成为一个高效能人士。事实证明，艾维·李的方法是有效的。查尔斯采纳了他的建议，并迅速将这一方法应用于实践。

一年后，查尔斯给艾维·李寄去了一张 2.5 万美元的支票，同时附了一封信。他在信上说，那是他一生中上过的最有价值的一堂课。五年之后，当年那家濒临破产的小钢铁厂，一跃成为当时全美最大的私营钢铁企业。艾维·李提出的"六点优先工作制"，后被管理界誉为"价值 2.5 万美元的时间管理法"。

六点优先工作制是一个比较简单的方法，其核心内容就是：整理出六件最重要的事情，并排列好顺序。只要完成这六件最重要的大事，一天的工作时间基本上就得到了充分的利用。在这个方法中，最重要的是及时找出六件重要的大事，并做好顺序上的安排，以便直接地了解和控制自己一整天的工作，不至于在完成一项工作后不知道接下来该干什么，从而浪费时间，或者被其他的事情干扰。

其实，这种方法不仅适用于每天的工作安排，也适用于目标管理。你可以结合前面介绍过的目标分解法，将大目标层层拆分，直至六件重要的事项。这样可以直观地把握目标，只要坚持做好每天的六件重要事项，周目标即可达成。接着，一层层地往上推，中期目标和长期目标也可以达成。

在使用六点优先工作制时，我们需要注意一些细节问题：

（1）把精力峰值时段，留给最重要、最有价值的事情。

（2）将计划中的任务按照四象限法则进行划分，再进行合理排序。

（3）提高工作效率，确保当天完成六件重要事项，杜绝拖延。

（4）制定明确的标准和流程，每日任务清单须按照标准格式编写。

（5）每天要做的事情，简单描述即可，有效节省时间。

（6）完成一项任务后，做一个标记，简要记录完成的原因。

（7）当日未完成的任务，与第二天要做的事情结合起来，按照轻重缓急排序，重新纳入日程表，优先完成最重要的事。

成功就是简单的事情重复做，把简单而有效的东西练到极致，就会成为"秘诀"。练好六点优先工作制，你也可以成为高效能的行动派。

第 5 章

心流的魔力
全情投入，实现深度专注

01 打造无干扰的工作环境

> **核心笔记**
> *每一次被打扰后重拾思路，至少要花费 3 分钟。*

日本学者对于时间浪费进行过一次调查，结果显示：人们通常每 8 分钟会受到一次打扰，每小时大约 7 次，每天 50~60 次。平均每次打扰的时间是 5 分钟，每天被打扰的时间加起来有 4 小时左右，相当于工作时间的一半。

在这些被打扰的时间中，至少有 3 小时的打扰是毫无意义的，被打扰后重拾原来的思路，至少需要 3 分钟，每天累计起来就是 2.5 小时。这些统计数据提醒我们：每天由打扰造成的时间损失大约是 5.5 小时，按照 8 小时工作制算，占据了工作时间的 68.75%！

看过这些数据之后，你是不是有一种恍悟之感：每天在不经意中浪费的时间和精力，远比想象中要多？没错，这就是多数职场人的现状，总感叹上班时间过得飞快，做的事情很少，可是整个人却觉得疲倦不堪。原因就是，精力被那些没有意义的干扰耗散了。

星期一，天气晴朗，春意盎然。思瑜8点钟就到了公司，上周领导交代要在星期一下午4点之前，把修订好的图纸发给客户。刚坐到工位上，思瑜瞥见旁边同事桌上放着一本书，封面和文案瞬间吸引了她的注意力。她忍不住拿起来翻阅，顺带着又搜索了一些相关的信息。待她回过神来，目光扫了一眼时间，不禁吓了一跳：怎么已经过去了半小时？她赶紧收回心思，开始处理图纸。

刚进入状态没多久，电话铃声突然响起，某同事焦急地说："瑜姐，你在公司吗？能不能帮我传一份文件？我今天没法去公司，文件在电脑的……"思瑜只好先帮同事找文件、传送文件，又在微信上简短地聊了几句。就这样，半小时的时间又悄然而逝。

忙碌到中午，简单地吃了一点饭，思瑜没有休息，抓紧时间修改图纸。没想到，老板突然召集大家开会，讨论公司即将调整的工资制度。等会议结束，时间已经到了下午2点，距离交图纸的时间只剩下2小时了，思瑜不得不争分夺秒地修改，连水都顾不上喝了。

下午4点左右，客户开始打电话催促。为了避免给客户留下不守信的印象，思瑜只好把那张改得尚不理想的图纸发了过去。此时，她的心情和早晨来时完全不一样了，她感到特别委屈："自己并没有偷懒，还特意比平时早起一小时，却还是弄得如此狼狈。"

身处现代社会，工作和学习的环境很"嘈杂"，这种嘈杂不单是指建筑物旁马路上的鸣笛声、办公室里的机器声，以及恼人的电话铃声，即使没有这些有声的事物，我们的心神也会被即时通信软件干扰。思瑜的麻烦就是意外干扰所致，打乱了她原本的时间安排，影响了正常的任务进度，陷入被动拖延的泥沼。

当所处的环境中布满了各种促人分心的干扰和诱惑时，即使是最简单的任务，也会像吸满了水的海绵一样膨胀到原来的数倍，让人感觉难以承受。要逃离这种狼狈的处境，不被干扰吞噬，就要提前做好准备，从环境入手为自己设置一个"干扰屏蔽器"！

1. 营造免打扰的信息环境

在决定开始一项工作时，可以主动创造一个免受打扰的环境。例如：关闭电脑桌面上所有与私人社交、娱乐相关的窗口；对于需要处理的邮件，安排一个固定的时间段集中处理。通过这些方法，可以有效减少来自信息的干扰。

2. 调整工作的物理环境

在开放的办公环境中，你可以与其他同事之间设置一定的"界限"，比如：当你集中精力处理一项任务时，可以使用降噪耳机，或是贴上一张"请勿打扰"的纸条。

3. 培养自身的屏蔽力

屏蔽力是一种过滤无用信息、排除干扰的能力，修炼屏蔽力需要从两个方面入手，一是扩大专注圈，二是缩小屏蔽圈。

扩大专注圈，就是把注意力集中在对自己有意义的事情上，比如：怎样利用自己的时间？要学习哪方面的技能？怎样提升自我价值？如何从失败中汲取经验？能发展什么副业？总之，把精力投注在这些有利于自身成长和进步的地方。

缩小屏蔽圈，就是减少对外界和他人的关注，比如：外面在吵什么？别人在谈论什么？别人的想法和价值观如何？今天有哪些娱乐八卦新闻？这些事情与自己没什么关系，关注得越少，分散的精力就越少。

4. 关键时刻提出灵魂拷问

当你被电话或访客打断思路时，当你感到自己注意力不集中时，当你凭直觉意识到自己没有充分利用时间时，当你察觉到自己在拖延某项工作时……你不妨向自己提出一个问题：此时此刻，我最应该做什么？把自己的注意力拉回来。

在纷繁复杂、充满干扰的世界中，保持一份清醒和专注，把有限的精力投入最重要的事情，对任何人都不是一件容易的事，却是一件有价值的事。当你养成了专注的习惯之后，你便随时都可以进入自己的世界，即使时间并不充裕，也能够实现全情投入。

02 心流状态是全情投入的标志

📖 **核心笔记**

　　当目标明确、反馈及时、技能与挑战难度相匹配三个条件都具备时，更有可能产生心流。

　　在带领线上写作课程时，曾有一位学员向我讲述了她遇到的困惑。她坚持写作两年，终于顺利入驻某平台成为一名签约作者，并开始经营自己的公众号。享受这份喜悦感与成就感的同时，她也陷入了繁忙而焦虑的状态。她的本职工作是在某单位的宣传科写新闻稿，平时不算太忙，可即便如此，她的工作效率也大不如从前，有时候一天下来也很难写完一篇新闻稿。

　　经过一番详尽的沟通之后，她意识到了问题的根源：因为突然多了两个"身份"——签约作者和自媒体作者，她总忍不住登录两个平台浏览。每天打开电脑的第一件事，就是去看评论留言，顺带又看看其他文章。等真正开始工作时，基本上已经一个多小时过去了。

　　更糟糕的是，刚有点思路和头绪，忽然又想去看看。有时候，为了增加关注人数，她还会把其中的一些文章分享到其他社交媒体平台，不知不觉 2 小时就过去了。一天下来，不知道要查阅平台多少次，可真正要完成的工作任务却被耽误了。

写东西不是一件心急的事，越着急完成，大脑越是空白。在这种状态之下，她不仅没办法高效完成本职工作，也无法实现在平台和自媒体的更新。我建议她，早晨起来不要去登录平台，上班坐在办公桌前，先列出今天要完成的任务，在精力充沛的时间段里，心无旁骛地投入其中，尽可能地让自己处于心流状态中。

尝试了一周之后，学员给我留言说："我亲身体会到了，要让自己的生活质量、工作效率达到最大化和最优化，一定要全身心沉浸在所做的事情中，连贯顺畅地持续下去。"

心流，是积极心理学奠基人米哈里·契克森米哈赖提出的一个经典心理学概念，是指一个人完全沉浸在某种活动当中，无视其他事物存在的状态。

米哈里在 2004 年的 TED 演讲《心流：幸福的秘诀》中，对"心流"的体验进行了总结，并指出了七个显著的特征：

（1）完全沉浸，全神贯注于自己正在做的事情。

（2）感到喜悦，脱离日常现实，感受到喜悦的状态。

（3）内心清晰，知道接下来该做什么，也知道怎样做得更好。

（4）力所能及，自己的技术和能力跟所做的事情完全匹配。

（5）宁静安详，没有任何私心杂念，进入忘我的境地。

（6）时光飞逝，感受不到时间的存在，任它不知不觉地流逝。

（7）内在动力，沉浸在对所做之事的喜爱中，不追问结果。

一旦进入心流状态，灵感往往不请自来，工作效率也会翻倍，根本感觉不到时间的流逝，用米哈里的话说："你会感觉自己完完全全在为这件事情本身而努力，就连自身也都因此显得很遥远。时光飞逝，你觉得自己的每一个动作、想法都如行云流水一般发生、发展。你觉得自己全神贯注，所有的能力被发挥到极致。"

为什么心流状态会让人对其他事物失去感知呢？

在任意给定时刻，每个人能注意的信息是有限的。进入心流状态后，人的全部注意力都集中在所做的事情上，没有多余的注意力可以分配给其他事物。

心流是一种绝佳的体验，但不是随意就可以激发这种状态，它需要具备三个条件：

条件 1：目标明确

你必须清楚自己要做什么，制订一个具体且清晰的目标，避免毫无头绪地忙碌，让思维处于涣散的状态。

举例来说，我今天给自己设定的任务是完成 2 篇书稿内容，有了这个明确的目标，我就可以排除与目标无关的信息，摒除杂念，把注意力聚焦在需要完成的任务上。

条件 2：及时获得反馈

人在玩游戏时常常会进入心流状态，这是因为游戏提供了即时反馈：每完成一局，系统都会告知胜负结果，以及获得的奖励。这种即时反馈机制是激励玩家持续玩下去的动力。

这种模式也可以用在学习和工作中，比如：完成既定任务后，可以奖励自己听一本喜欢的书，或看一部期待已久的电影，从而形成一种积极的动力循环。

条件 3：技能与挑战难度相匹配

当自身能力不足，无法胜任某项任务时，往往会感到焦虑；当自身能力远超任务所需时，又容易感到无聊；当自身能力与挑战难度相匹配时，就可能产生心流。

以写作这件事为例，当撰稿能力与任务挑战难度都处于中高水平时，更容易进入心流状态。如果一个选题充满挑战，而自身能力不足，就要去学习和了解这个领域的知识，提高能力以应对挑战；如果一个选题比较简单，可以给自己设定新的更高的目标，用更好的结构和写法来诠释。

当我们进入心流状态时，心理能量就会流向同一个地方，向同一个方向高效地输出。经常经历心流，我们的心理就会被训练得越来越有秩序，之后也会更容易产生心流，即使平时不在心流状态中，也不会像一般人那样容易分心和思绪混乱。

现在，你不妨结合自己的实际情况，用"目标明确""反馈及时"和"技能与挑战难度相匹配"三个条件试着改造一些任务，让自己在做事过程中产生更多的心流体验。

03 持续工作，不等于持续高效

> **📖 核心笔记**
>
> 长时间工作换不来高产出，让大脑间歇性休息才能迸发灵感。

2024 年底，夏梦结束了长达一年的高强度工作。这一年里，她完成了三个极具挑战性的项目，还有其他零散的小项目，精力和体力严重透支。然而，看着新出炉的 2025 年任务清单，她还是希望"趁热打铁"，早点把关键的部分整理好，为后续的执行提供便利。

夏梦的工作思路没有问题，可她忽略了一个客观事实：2024 年的任务顺利完成了，可她的思维精力并没有得到恢复，想要重新在心流状态下完成新工作任务，几乎是不可能。所以，在面对那些需要发挥创造力、极其烧脑的问题时，她越想早点完成，思维越是卡壳，沮丧和焦躁扰得她不得安宁，最后不得不搁置。

经过了休息调整，在彻底平复心绪之后，夏梦开始重新拾起这些事宜。让她感到意外的是，工作进程格外顺利，脑子里涌现出了一连串的想法，她再次感受到了全情投入带来的兴奋感与充实感。

同样的事，同样的人，为什么前后的表现出现了如此大的反差？其实，关键点不在于个人认知，而在于她的心态和大脑的状态。

作家毕淑敏老师写过一篇文章——《像烟灰一样松散》，至今让我记忆犹新。文中提到，她向一位枪法极好的警察朋友请教射击的要领，对方告诉他："很简单，就是极端的平静。记住，你要像烟灰一样松散。只有放松，全部潜在的能量才能释放出来，协同你达到完美。"

长时间连续工作并不是高产出的最佳途径，因为思考需要耗费巨大的精力。别看大脑只占体重的 2%，但它需要人体25% 的氧气供给。如果思维得不到足够的恢复，就会判断失误，降低创造力，甚至无法合理地评估风险。想要思维恢复，间歇性休息是必不可少的。

如果你手机中安装了运动软件，并且其中包含训练课程的视频，仔细观察你会发现：任何一项运动在完成一组训练后，都会安排休息时间。这样做的目的是让我们的体力得以恢复，从而能够继续进行下一组训练。同样地，思维也需要通过间歇性的休息来获得恢复和再生。

从事文字、艺术创作、科技研发的人都知道"灵感"的重要性，只是那种突然间获得启发的感觉，犹如昙花一现，很难一直存在。更重要的是，几乎没有人会在工作中获得最佳灵感，往往是在沐浴、躺在床上、跑步、听音乐、做梦或度假的时候，容易灵机一动，诞生一些奇思妙想。

达·芬奇是公认的富有创造力又高产的艺术家，即便是这样的奇人，也需要定期放下工作，在白天里小憩一下，恢复思维精力。

他在创作《最后的晚餐》期间，为了保持稳定的产出，有时会在白天花几个小时做梦，不管圣玛丽亚感恩教堂的副院长怎么催促，他都坚持按照自己的节奏来。对于这样的做法，达·芬奇在《论绘画》中给出了答案："时不时离开工作放松一下，是个非常好的习惯……当你回到工作时，做出的判断会更加准确，而持续工作会降低你的判断力。"

间歇性休息可以让思维精力得到恢复，在重启工作时更容易进入深度专注状态，迸发出创造性的灵感。那么，间歇性休息该怎样进行呢？

1. 根据自身情况，选择恰当的间歇再生时间

人的精力如同一条波动的曲线，有高峰和低谷。当精力值处于高峰时，应专注处理重要的事务；当精力值逐渐滑落至低谷，自己感到很疲惫时，就需要用间歇性休息来放松身心，让

思维精力再生，重获灵感。

2. 寻找并记住那些激发你灵感的事物

在平日的生活中，多留意一下自己在做哪些事情的时候，既感到舒适放松，又能萌生出想法与感悟。如果有的话，将其作为灵感获取源，在间歇性休息时不妨做这些事，帮助自己恢复思维精力。就我个人而言，看书、看电影、泡茶，都属于我的灵感产生机制。

3. 随时随地记录一闪即逝的灵感与想法

在做某一件事，或看到某一情景时，脑子里灵机一动冒出了一些想法，无奈没有及时记录下来，过后怎么也想不起来了。为了减少这样的遗憾，我们需要养成随时随地记录灵感的习惯，比如：准备一个专用的小本，或是制订一份电子手账，无论是走路、坐车，还是在工作的间隙，只要灵感闪现，立刻记录下来。这样就可以随时回顾这些想法，或许某一天，它们就能成为你创意的源泉，或是解决问题的关键。同时，这也是一种积累知识和经验的好方法，让你的思维更加活跃，创造力得到提升。

现阶段，我正在尝试利用"番茄工作法"来进行思维调节，让精力源在独立分割的时间模块下得到缓冲、调整，最大限度地实现全情投入。这个方法很简单：每工作 25 分钟（一个番茄时间）后，休息 5 分钟，这个番茄时间是不可分割的，一旦手上的工作中断，这个番茄时间就视为无效，需要重新开始计时。

　　休息的 5 分钟时间，可以离开书桌走动一下，或做一些简单的放松运动，这些都是很好的休息方法。我平常会利用这 5 分钟时间，给自己接一杯水，做两组开合跳，既完成了身体上的锻炼，又让大脑得到了休息。休息过后，再决定接下来是继续同一项任务，还是切换到另一项活动。这种"工作 25 分钟＋休息 5 分钟"的模式，能够让我进入到一种有规律的工作节奏中，保证一天的平均效率。在完成 4 个番茄时间后，可以进行 15~30 分钟的大休，这样有助于保持充分旺盛的精力。

　　总而言之，不要长时间持续地工作，那不是一个好习惯，也无法让工作变得高效。我们要学会管理精力，在有限的工作时间里尽可能地实现全情投入，享受心流带来的优质体验。在这样的状态下工作才更具有创造力，并能产生幸福感，而不是拖着疲惫煎熬度日。

04 每次只处理一项任务

📖 核心笔记

　　每一次任务切换，都会造成精力耗损。

最近，珊迪晋升为公司的中层，这得益于她的工作效率和业绩。以前在部门做专员时，她一直在培养自己的清单思维。她知道，在这个力求效率的时代，如果做事没有章法，很容易变成热锅上的蚂蚁，被堆积如山的小事搅乱心情。所以，她在工作中一直保持使用清单的习惯，把每天、每周要做的事情列出来，遵循先重后轻、先紧后松、先急后缓的原则，科学地进行排序。

可是，晋升为中层之后，珊迪发现过去的工作方法不太奏效了，即使列了任务清单，情况也没有预想中那么乐观。她在管理中经常会遇到这样的状况：会议正在探讨下个季度的营销方案，她脑子里却在思考没有完成的招商会的演示文稿；正在按照计划回复客户的邮件，下属却来汇报月工作小结，或是有重要的问题过来请示……珊迪感觉自己很被动，丧失了掌控感，每天很难专注地处理问题，不仅效率降低了，整个人也很疲惫。

珊迪的问题在于，她尚未完成从员工到管理者的身份转变，忽视了管理者需要上传下达、统筹兼顾，既得管好自己，还得管好下属。所以，当珊迪照搬以前的工作模式时，她只想到怎样安排自己的事务，却没有把客户沟通、员工汇报等情况考虑进去，结果在忙自己的工作时，总是被新的任务打扰，陷入了"同时处理多项任务"的误区，注意力不自觉地发生偏移，没办法集中精力处理手上的事情。

心理学家爱德华·哈洛韦尔做过一个比喻："一心多用就像是打网球时用了三个球，你以为你能面面俱到，以为自己的效率很高，可以同时做两件或者多件事情，实际上不过是你的意识在两个任务之间快速切换，而每一次切换都会浪费一点时间、损失一些效率。"

神经学家发现：人的大脑通过语言通道、视觉通道、听觉通道、嗅觉通道等来处理不同的信息。每一种通道，每次只能处理一定量的信息，超过了这个限度，大脑的反应能力就会下降，非常容易出错。大量的事实也证明：习惯分散精力同时处理多项事务的人，最后平均花在每件工作上的时间，要比集中精力去处理这件工作多出20%！

大脑的资源有限，同时处理不同的事情，资源的消耗会加速，严重影响专注力和工作效率。要扭转这种状况，必须在同一时间范围内减少大脑里装载的东西，让大脑更好地按照特定的秩序去处理问题。所以，珊迪最需要改变的就是，停止同时处理多项任务，不要让大脑在不同任务之间来回地跳跃；要保证在一段时间内，集中全部的精力，处理最重要的一件事！

如何做到一段时间只专注于一项任务呢？时间管理大师里奥·巴伯塔曾经提出过一些有效的建议，我们不妨将其作为参考：

1. 把重要的事情放在第一位

我们在上一章里详细地讲过，重要的事情要放在前面做，对任务进行优先级划分。在做完这件事之前，别的事都不要做。完成之后，短暂休息一下，再开始处理下一件"头等要事"。如果一个上午可以完成 2~3 项重要的任务，剩下的时间就算是额外的收获了。

2. 做事时排除外界的干扰

做一项任务的时候，尽量阻隔外界的干扰。如果有可能的话，可以关闭邮箱，断开网络，手机静音，挂上"请勿打扰"的提示牌，专注于手头的任务，做完之前不要去思考其他的事。如果你特别想查看邮件，或者做其他的事，可以让自己暂停片刻，做几次深呼吸，调整好心态，重新回到手头的工作上来。

3. 临时任务可以暂缓处理

如果这期间有其他的事项"空降"，你可以先把它记录在本子上，作为"待办事项"。之后，回到手头的工作上来，专注地把它处理完，切忌被突然袭来的任务牵着走。

4. 必须中断时要做好标记

有些时候，"空降"的任务十分紧急，必须马上处理。遇到这样的情况，先把手上的工作做好标记，知道进行到了哪个阶段，把相关的文件和记录整理好，暂搁在一旁。如果是文档信息，可以建立一个名为"处理中"的文件夹，保存相关资料。当你重拾这项任务时，可以迅速地找到"中断点"，恢复工作。

5. 完成任务后要进行整理

完成手上的工作任务后，要进行必要的整理工作，如：清理电子邮件，保存相关文件等。同时，把新任务（临时的任务）加进待办清单，重新规划日程安排。

一段时间只处理一件事，是解决工作不断被迫中断而变得效率低下的良方。彼得·德鲁克曾在《哈佛商业评论》上就"每次只做一件事"发表文章，以他多年的丰富经历非常肯定地指出："我还没有碰到过哪位经理人可以同时处理两个以上的任务，并且仍然保持高效。"

时常在工作中把自己搞得疲惫不堪的人，往往是没有掌握这个简单的方法。如果能够专注一点，让大脑一次只想一件事，清除一切分散注意力、导致压力的想法，使思维完全进入当前的工作状态，就不会因为事务繁杂，理不出头绪而顾此失彼了。

那些在工作中常常感到精疲力竭的人，往往是因为没有掌握这个简单却有效的方法。若能集中精力，让大脑专注于当前的任务，排除一切分散注意力、引发压力的杂念，全身心投入到当下正在做的事情上，就不会瞻前顾后、顾此失彼了。

05 番茄工作法：25 分钟专注力

📖 **核心笔记**

定好 25 分钟的番茄钟，全神贯注于手上的任务。

弗朗西斯科·西里洛创立的番茄工作法，是世界上最著名的工作方法之一。

番茄工作法的操作比较简易：选择一个待完成的任务，并将计时器设定为 25 分钟，专注于该任务，不做任何与工作无关的事情。当计时器响起时，在纸上画一个"*"以标记完成，然后休息 5 分钟。完成 4 个这样的循环后，可以进行一次较长时间的休息，通常为 15~30 分钟。如果在计时过程中被中断，则需要重新开始计时。

番茄工作法之所以能发挥出"神奇的魔力"，与人体的运行机制有关。当我们开始做一件事情的时候，注意力呈曲线状上升，等到过了最集中的那个点，注意力就很容易被外在因素吸引，此时就需要片刻的中断，然后开启新的一段努力，第 25 分钟就是那个最合适的时间点。

正确使用番茄工作法，可以有效提升注意力，实现劳逸结合；减轻焦虑的情绪，强化可以完成任务的信心。同时，它有助于改善任务流程，减少干扰因素。因为番茄工作法有一项机制：当任务不得已被打断时，终止计时，重新开始一段番茄时间。25 分钟本就是一段不算长的时间，多数人都是愿意屏蔽周围一切专心致力地工作的。

由于番茄工作法很简单，许多人觉得根本不需要学习，直接下载一个番茄 App 就开始使用。结果发现，不仅没有实现传说中的高效，反而更加心猿意马了。

妮妮在网上读到了一篇关于番茄工作法的文章，她觉得这个方法简单、易执行，就决定尝试一下。可是体验过后，她发现似乎并没有自己预想中那么美好。

在使用番茄工作法的过程中，妮妮的注意力总是被一个问题侵扰："时间到了吗？还有多久？"有时，她刚刚进入专注状态，番茄钟的闹铃就响了。原本期待这个方法能帮助自己提升专注力，不承想，反而破坏了专注力。

到底是番茄工作法的效用被夸大了，还是妮妮没有掌握使用要领呢？尽管番茄工作法听起来十分简单，但若要在实践中充分发挥其效果，掌握一些技巧是必不可少的。以下有几条重要提示，对大家使用番茄工作法大有裨益：

1. 尽量使用机械闹钟

不少人认为，番茄闹钟的作用就是定时，用手机定时最方

便，大不了将手机锁住，避免自己刷手机娱乐。在此必须提醒
大家，这种方式并不理想。

干扰分为内部干扰与外部干扰两种，内部干扰就是直觉向
你发出信号，让你去做另一件事，只要产生了这一念头，专注
状态就会被打断。

对现代人来说，使用手机已经成了一种强大且顽固的习
惯。因此，手机出现在视野中，就成了一个触发行为的提示，
看到它就想拿起它、打开它。抵制这种冲动，需要消耗大量的
意志力，而意志力是一种有限的资源，一旦被过度消耗，用于
工作的精力就所剩无几。强行用意志力去克制看手机的冲动，
很容易破坏专注的状态。为了避免这样的情况，最好使用机械
闹钟。

2. 建设性地处理好中断问题

番茄工作法要求，在一个番茄钟内，专注于一项任务，不
允许切换任务，也不允许中途停下来休息。这是最为理想的状
态，但现实往往是一个番茄钟尚未结束，突然有电话打来，或
是临时有文件需要打印或传送，只能被迫中断。这样的情形，
很容易让人产生挫败感和沮丧感，最后放弃使用番茄闹钟。

面对中断的问题，要做好三件事：接纳、记录、继续。

接纳：正确认识中断的情况，这是正常现象，不是意志力
薄弱，更不是失败。

记录：把中断的次数和原因记录下来，为后续的复盘提供参考。

继续：将手上正在处理的任务进行下去，避免因情绪问题真的被打断。

3. 辅以规律且高效的短休息

番茄工作法要求，专注工作一个 25 分钟的番茄钟之后，休息 3~5 分钟；完成 4 个番茄钟之后，休息 15~30 分钟。然而，在实践过程中，很多人会陷入两个误区：

误区 1：感觉精力还很充沛，就直接跳过休息，等很累了才停下来。

大脑只能保持 25~45 分钟的专注，它的疲劳不像身体的疲劳那么容易觉察，要在没有感到明显疲惫的时候休息，才能让精力始终保持在充沛的状态。

误区 2：利用工作间隙时间，用玩手机的方式休息。

手机容易把我们推向信息漩涡，看似避开了工作压力，但大脑并没有得到真正的休息。哪怕只是娱乐信息，阅读、倾听和观看，大脑也在进行解读和无意识的思考。

我们一定要遵守番茄闹钟的休息规则，并且选择恰当的休息方式：3~5 分钟的短休息时间，可以站起来活动一下，看看窗外、喝点水；15~30 分钟的阶段性休息时间，可以闭目放松。总之，卓有成效的休息，是番茄工作法起效的一个重要因素。

4. 重视整体的计划与复盘

番茄工作法强调专注当下，但每个番茄钟不应是孤立的存在，而应重视整体规划和复盘。具体来说，我们要复盘以下内容：

（1）当天的番茄工作法使用频率是多少？

（2）消耗番茄钟最多的任务是什么？

（3）平均每个番茄钟中断的次数是多少？

（4）中断的主要原因有哪些？

结合这些数据，可以预估某项任务需要花费的番茄钟数量，以及对工作安排进行优化和改进，有效地减少中断次数。

最后需要提醒大家，番茄工作法中提到的时间长度并非固定不变。25 分钟只是一个建议值，每个人都可以根据自身的工作习惯和体能状况进行调整。

第6章

提升行动力
减少拖延造成的内耗

01 拖延的核心是情绪

> **核心笔记**
>
> 拖延是一场精神内耗，什么都没做，却让人精疲力竭。

看看下面这些生活情景，有没有戳中你的痛点？

打开书刚看了 10 分钟，就忍不住打开手机，漫无目的地刷朋友圈。

发誓周末要加班赶一下进度，结果却窝在床上不想起，想起工作就觉得发怵。

年度的工作总结还没开始，想起热播的网剧到了更新的时间，立刻就去追剧。

换季时期，说好用半天时间整理衣物，不料却把整理变成了"家庭时装秀"。

答应领导周五可以提交报表，到了周三还没开始做，心里不由得发慌。

……

以上，就是拖延者的真实写照：内心有完成某一件事情的意愿，却总是无法投入到这件事情中，主动或被动地把注意力投向外界，看似获得了短暂的放松，实则内心一直惦记着那些重要的事情，不时地遭受焦虑、悔恨和自我憎恶的侵扰。

没有人喜欢拖延的感觉，因为它会带来严重的精神内耗。人类天生有把事情做完、让需求得到满足的倾向，未完成的事件、未满足的需求，会一直牵引着注意力。拖延带给人的伤害，就是让原本该解决和处理的问题变成持续存在的未完成事件，占据心理空间，消耗心理资源。积累的未完成事件越多，消耗的心理能量就越大，也就越无法专注于当下，全情投入到该做的事情中，继而制造更多的未完成事件。

有人把拖延归结为懒，这样的评判是失之偏颇的。英国精神分析学家唐纳德·梅尔泽说过一句话："就其本质而言，一切防御机制都是我们为了逃避痛苦而向自己撒的谎。"心理学家们在 19 世纪末 20 世纪初就已经广泛接受并认可一个观点：追求快乐、规避痛苦是人类最基本的心理动机，也是其他一切心理功能的基础。

世界上不存在完全不拖延的人，也不存在在任何事情上都拖延的人。但拖延者的内心戏码不尽相同，每一次的拖延原因也有差别，想要解决拖延的问题，还是要从情绪入手，找到拖延的深层原因，知道自己究竟在逃避什么，继而找到针对性的解决办法。

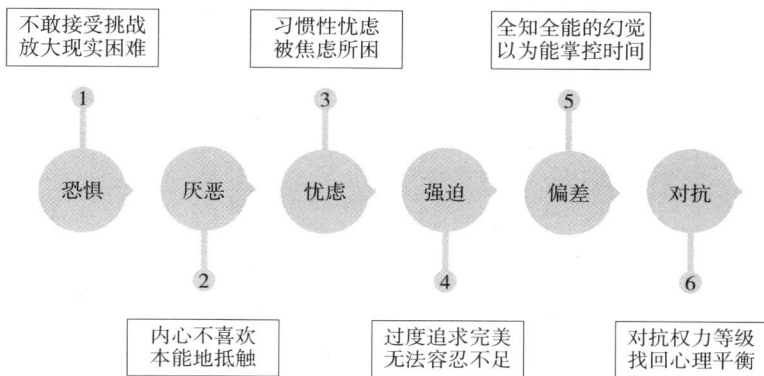

拖延心理 1：恐惧

2007 年，卡尔加里大学的教授发现，拖延行为的产生与恐惧有一定的关联。两年后，卡尔顿大学的蒂莫西·A.皮切尔教授带领两位研究生通过研究验证：导致拖延症的恐惧是多方面的，如缺乏信心、维护自尊、害怕失败等。

🔑 **解决要点**

所有的恐惧都源自想象，在碰到棘手的问题、未知的事物时，习惯性地假想出莫须有的困难，就会加重恐惧。如果不去预料失败后的情况，只把握好当下，做自己该做的、能做的事情，恐惧就会被自信和行动慢慢稀释。

拖延心理 2：厌恶

当我们特别想看一本书、想见一个人、想掌握一种技能时，时间再忙、路途再远也会去完成心愿。反之，面对不想看的书、不想见的人、不想学的东西，也会本能地产生一种抵触感。面对这些事物，潜意识是不会撒谎的，它会迫使我们用拖延的方式传递真实的感受。

> 🔑 **解决要点**
>
> 生活不可能处处都随人愿，要用理性的眼光和思维看待事物，不能只从喜恶的角度出发，还要考量利弊。对我们有益且必须做的事，即使不喜欢，也要尽量把它做好；对我们无益的事，哪怕再喜欢，也得学会克制。

拖延心理 3：忧虑

人之所以会感到忧虑，是认为自己可能会遇到一些问题，但不确定自己是否有能力解决，这种失控的感觉会让人产生焦虑。陷在这样的忧虑中，自然就会降低行动力，导致拖延。

> 🔑 **解决要点**
>
> 打败"习惯性忧虑"的关键是学会转换思维模式：多关注事物的积极面，把注意力集中在美好的东西上，积极的种子就会在内心生根发芽，带来正向的体验和积极的能量。最终，在面对困难的时候，让自己变得从容和笃定，

而不是逃避和拖延。

拖延心理 4：强迫

澄清一下，这里说的"强迫"并不是人格障碍或某种行为问题，只是一种倾向于追求完美和有条不紊的人格特质。美国的一位心理学家指出，某些拖延行为并不是拖延者本身缺少能力或努力不够，而是某种形式上的完美主义倾向或求全观念，让他们无法行动。他们总想着要把事情做到滴水不漏，完美至极，不停地苛求，结果就是迟迟无法开始。

🔑 **解决要点**

适度地追求完美无可非议，若达到吹毛求疵的地步，无法接受一点瑕疵，就没必要了。那些微不足道的瑕疵，只要不妨碍重要事项的顺利进展，大可允许它存在。在做事的过程中不断补充、修正、精进，让结果朝着完美的方向驶进。

拖延心理 5：偏差

"今天没做完的事，明天再把它补回来！"真的能补回来吗？很遗憾，这是一种认知偏差。时间有"客观时间"和"主观时间"之分，比如：跟朋友聚会聊天时，1 小时过得飞快；等公交车时，10分钟显得无比漫长。拖延赋予人一种全知全能的幻觉，误以为自己可以掌控时间、掌控他人、掌控现实。实际上，谁也无法超越时间的规则，真实的时间一直都在流逝，从未停止。

📌 **解决要点**

把主观时间和客观时间整合到一起，让两者实现无缝衔接，比如：想要在周末上午完成家庭扫除，8点半就要让自己起床；处理一个周期较长的项目时，虽然距离最后期限还远，感受不到任何压力，也要按部就班地去做，完成每日计划。

拖延心理6：对抗

心理学家认为："规则让人感到拘束，所以大脑会产生想要冲破束缚的欲望。不过，有的人不太敢冒险，只是偶尔为之，不会太过火；有的人则不同，总是想跟规则抗衡。"这种情况很常见，身处在权力等级的关系中，不敢直接跟上司抗衡，就用拖延的方式表示抗拒，以求心理平衡。

📌 **解决要点**

意识到对抗权力等级这一内在的心理原因，并权衡这一心理的负面影响，可以在一定程度上帮助我们克服拖延。

要知道，有些对抗是无意义的，甚至会把人拉入黑洞。无论发生什么问题，理性思考才能找到有效的解决之道。

当头脑中再次冒出拖延的念头时，记得给自己"把把脉"：到底是害怕面对挑战，还是完美主义在作祟；是不喜欢这件事，还是被内心的忧虑困扰？找到真正的原因，有针对性地去处理，减少无谓的精神内耗。

02 指望意志力，注定是败局

核心笔记

意志力是有限资源，很快就会消耗一空。

每个人都会在某些时刻出现拖延的倾向，只是频率和程度不同而已。如果拖延的状况反复出现，无疑会给生活造成很大的麻烦，焦虑与自责的情绪也会吞噬大量的精力。怎么做才能减少拖延呢？面对这一问题，多数人想到的是从意志力下手，认为只要狠下心管住自己，就可以打败拖延。

这样做有没有用呢？卡内基·梅隆大学社会与决策科学系

的专家，针对人们喜欢在年初制订目标的现象如是说："如果想把新年第一天立下的决心坚持到底，依靠意志力是没用的。只要有毅力和决心就能排除万难、抵御所有诱惑，这样的想法根本站不住脚。"

下面，我就来详细地解释一下，为什么靠意志力对抗拖延是无效的。

1. 意志力是稀缺资源，不能无限取用

心理学家做过一个实验：将一些饥饿的受试者随机分成两组，并在他们面前摆放两盘食物，一盘是香甜可口的巧克力饼干，另一盘是胡萝卜。第一组受试者被告知，可以自由享用所有的食物；第二组受试者被告知，只能吃胡萝卜，不能吃巧克力饼干。

实验开始后，第一组受试者拿起饼干便开始享用，而第二组只能吃胡萝卜的受试者只能眼巴巴地望着眼前的美味饼干，倍感煎熬。通过监控，研究人员观察到，第二组中有一名受试者拿起饼干闻了闻，随后又依依不舍地将其放回原处。这一细节表明，在实验过程中，第二组受试者需要调动意志力来克制食欲，而第一组受试者则比较轻松自在。

15分钟过后，研究人员给两组受试者出了同样的"一笔画"谜题，让他们来解答。这样的题目，完全需要依靠意志力坚持做下去。结果显示，可以吃饼干的第一组受试者，在谜题

任务中平均坚持了 16 分钟；只能吃胡萝卜的第二组受试者，平均只坚持了 8 分钟。

实验结果表明，反复抵抗诱惑会不断消耗意志力，而意志力是有限的资源，远比我们想象中更为稀缺，很快就会消耗一空。所以，依靠意志力去对抗拖延很容易失败。

2. 感性与理性对峙时，理性常常会失败

心理学家乔纳森·海特在《象与骑象人》中说："我们的心理，有一半正如一头桀骜不驯的大象，另一半则像是坐在大象背上的骑象人。"

看看下面的对话，像不像拖延时浮现在你脑海里的声音？

骑象人："起来运动了，你不是要减肥吗？"

大象："被窝里好暖和，真的不想起来！要不明天再运动吧？"

骑象人："健康饮食，才能远离疾病和肥胖。"

大象："奶油蛋糕很好吃，我就吃一块，不多吃！"

骑象人："周五要交报告，得抓紧时间处理。"

大象："还有两天时间，应该来得及吧？再看一集电视剧。"

骑象人代表理性的一面，会思考对错与利弊；大象代表感性的一面，只考虑喜恶。拖延就是骑象人与大象对抗的产物。然而，当两者在前进的方向上产生分歧时，骑象人很难拗得过几吨重的大象。通常来说，骑象人的胜利只是意外，大象的胜利才是日常。

既然靠蛮力行不通，那要怎么做才能驯服"大象"呢？

方法 1：设置一个极小的目标，让大象迈开脚步

无论多么令人厌烦的事物，最棘手的部分往往是开始的那几分钟，这个阶段要突破内心的恐惧和厌恶，一旦真的开始做，反而觉得没那么难了。

即使你已经对大目标进行了分解，每天要完成的只是很小的目标，可是在"大象"看来，从 –1 到 0 的距离依然很遥远，它很容易心灰意冷。此时，你要给"大象"设置一个极小的目标，让它觉得"这很容易做到"，从安逸的现状中迈出一小步，脱离舒适的圈子。

假设你正在看一档娱乐节目，忽然想起来还有一份报表没有完成。从看电视到做报表，这两者之间的跨度太大了，得调动强大的意志力，耗费很多的能量资源，怎么办？

你可以设置一个只需要用极少的资源就可以完成的目标——关掉电视！不要去想接下来做什么，更不要有"又要去干活了"的念头。一旦你的思维被这些念头占据，你很可能会拖延。只把思维放到"关掉电视"这个动作上，你就从舒适、快乐的状态中迈出了第一步。只有先离开沙发，把自己置于一个中立的位置，你才能够去做接下来要做的事。

方法 2：快速体会到有所进展的"5 分钟法则"

有一位名叫马拉·西利的家务达人，提供了"5 分钟房间

拯救行动"：第一，拿出厨房计时器，定时 5 分钟；第二，走到最脏、最乱的房间，按下计时器，开始收拾；第三，计时器一响，坦然停工。

这样的操作，是不是很简单？别小看这简单的 5 分钟，它是应对大象的一个小策略，也是一个奇迹标尺。大象不喜欢做那些无法即刻获得回报的事情，如果要让它行动，就得向它保证这个任务很容易完成，只要 5 分钟就行了。

5 分钟相当于一个触发扳机，让大象快速体会到有所进展的感觉，惊喜地发现做这件事没有那么难，从而减少行动的阻力，乐意把有益的活动继续下去。

03　高级的自律是一种习惯

> 📖 **核心笔记**
>
> 　　高级的自律是无须自律，一切都是习惯使然。

很多人都意识到了时间管理的重要性，可在践行的过程中却往往会陷入误区，其中一个问题就是借助各种方法和工具，与欲望、诱惑、娱乐作斗争，在使尽浑身解数战胜了它们之后，会觉得自己很了不起，并更加坚信"人生最大的敌人就是自己"，然后会变本加厉地压抑欲望，强迫自己把更多的时间和精力集中在既定的事项上。看似很努力、很自律，实则走向了另一个极端：生活里只剩下"任务"，为了完成它们只能不断地给自己拧紧发条，精神上的弦越绷越紧，直到无力承受，彻底崩溃！

如果你在自律的路上也走得这么艰辛，不妨先停一停。我们都知道，游戏里有段位，其实自律也是一样的。用什么样的方式实践自律，直接决定着自律的效果与持久度，更决定着人与人之间的差距。

把生活的缝隙里塞满任务，通过压抑欲望来实现的自律，是最低层级的自律。精力是有限的资源，持续消耗又不及时补充，最后就会力不从心。当精力被耗尽之后，那些被压抑的欲望，就会报复性地反弹。

自律达人不是比别人意志力更强，而是他们已经把某一种行为养成了习惯。相关研究表明，人类的行为只有 5% 是受自我意识支配的。换言之，我们的行为有 95% 是自动反应或对于某种需求或紧急状况的应激反应。当一件看似艰难的事情变成深入骨髓的习惯后，做起来就是自然而然的。

就精力管理而言，养成积极的习惯有三个重要意义：

（1）确保精力有效地使用在当下的任务上，不会被其他事物分散。

（2）减少行为对主观意愿与自律的依赖，让执行变得简单，不会让大脑产生过多的负面情绪，在纠结"做与不做"上耗费精力。

（3）将价值观与目标感有效地转化为行动。

想做好一件事，实现一个目标，不要选择违背本能、约束克制的方式，把自己搞得精疲力竭；要学会追求高级的自律，把想要达成的目标养成有效的习惯。这并不是一件容易的事，需要掌握一些核心要点：

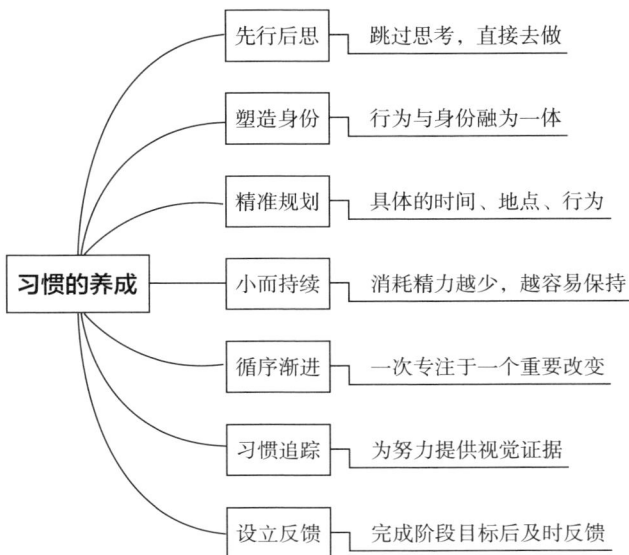

要点1：先行后思

做一项重要决策，三思而后行可以减少冲动或大意导致的失误；但要养成一个习惯，却要先行后思。在没有形成习惯之前，做一件事情往往需要反复思考，消耗意志精力后，才能真的执行。如果省去这个过程直接去做，久而久之就会变成一种自发模式，不调动意志力也可以完成。所以，把一件事情做到"不用思考纠结就能去做"，是养成仪式习惯的前提。

要点 2：塑造身份

塑造身份是詹姆斯·克利尔在《掌控习惯》中提出的概念，他说："真正的行为上的改变是身份的改变。你可能会出于某种动机而培养一种习惯，但让你长期保持这种习惯的唯一原因是它已经与你的身份融为一体。"当你开始把自己看成一个高效能的人，你会更容易做到及时行动不拖延，专注于有价值的事情。

要点 3：精准规划

如果你只是告诉自己"我要养成跑步的习惯"，却没有将实践和行为精准化、具体化，会在很大程度上降低成功的可能性。因为不够精准和具体化的计划，需要调动有限且易耗尽的精力储备。如果确定了时间、地点和具体行为，即"我将于（时间）在（地点）做（某事）"，就不需要额外思考太多。

要点 4：小而持续

省力法强调："当人们在两个相似的选项之间做选择时，往往会倾向于需要最少精力、努力或阻力最小的那个选项。"大脑倾向于储存能量，一个习惯需要调动的能量越少，就越容易养成；需要调动的能量越多，就越难以维持。要培养积极的仪式习惯，采取细微的、一致的、持续的行动很重要。唯有保存精力，让大脑支持自己，才能建立促进这些习惯的系统。

要点 5：循序渐进

不要试图一次性养成多个习惯，同时设定过多的改变，超出个人意志力和自律能力的极限，很容易退回原形，并引发负面情绪。习惯的养成是一个循序渐进的过程，欲速则不达。每次专注于一个重要的改变，并为每一步设定切实可行的目标，成功的可能性会更大。

要点 6：习惯追踪

《掌控习惯》的作者詹姆斯·克利尔说过："视觉提示是我们行为的最大催化剂。出于这个理由，你所看到的细微变化会导致你行为上的重大转变。"在养成习惯的过程中，保持一致性的最好办法，是为自己付出的努力提供视觉证据，比如：利用手账养成记录饮食的习惯，关注自己每天的摄入量是否超标，营养是否均衡，以及每日的运动消耗。

要点 7：设立反馈

我们之所以不想做一件事，是因为没有看到任何积极的改变。但是，没有看到进展，不意味着没有进展，正如詹姆斯·克利尔所说："我们很少意识到的是，突破时刻的出现，通常是此前一系列行动的结果，这些行动积聚了引发重大变革所需的潜能。"

为了让自己更好地坚持，要让自己为某个目标的投入可视化，并在完成阶段性的小目标后，及时给予反馈。这样我们可以在进步中获取积极的精力，继续前进。同时，我们不再过分关注结果，转而去享受追求结果的过程，当某一行为与愉悦建立条件反射后，会更容易延续下去。

养成习惯是一个循序渐进的过程，需要一步一个脚印慢慢走、持续走，从小目标开始，伴随着愉悦感与成就感前进，最终使其成为一种自发的行动，来抵消主观意愿与自制力的局限，从而帮助我们节省精力，在不知不觉中成为更好的自己，做更多有价值的事。

04 给任务添加背景，设计行为提示

📖 **核心笔记**

牢记一个通用的行动提示配方：在……之后去做……

以下是几组针对同一任务的不同描述：

读书任务：

○ 阅读

○ 晚饭后阅读《吃掉那只青蛙》

○ 晚饭后，利用站立半小时的时间，阅读《吃掉那只青蛙》10 页

锻炼任务：

○ 运动

○ 早起做 30 分钟的有氧运动

○ 早起刷牙后，在街心公园跑步 3000 米

工作任务：

○ 给房产中介打电话

○ 下午 2 点给房产中介打电话

○ 下午 2 点给房产中介打电话，利用 10 分钟时间阐述购房诉求

对照不同的描述方式，你有没有发现：看到"阅读""运动""给房产中介打电话"这些简单的任务描述，会感觉很空洞，甚至无足轻重？在给这些任务加上了执行时间的状语后，会感觉思绪变得清晰了一点，知道该在什么时间去做这件事。再进一步，给这些任务加上特定的执行时间，以及具体要做的内容后，这些任务就变得很有画面感了。

实际上，我们添加的任务背景信息是一种行为设计提示，

它可以让我们清楚地知道，要用多长时间去完成这项任务，以及它和哪些大目标相关，是否需要获取某些资源来处理。

生活中常见的提示主要有以下三种：

1. 人物提示

这类提示主要依赖于内在的本能反应。身体的本能是最自然的行为提示。例如，身体会提醒我们感到饥饿、需要上厕所或感到疲惫等。然而，当行为与本能或生存需求无关时，这种人物提示的效果就不太理想了。因为人类的记忆并不可靠，很容易就会遗忘。

2. 情境提示

周围环境中的任何事物都可以作为行动的提示，例如便利贴、闹钟等。然而，这类提示更适用于单一行为（如预约挂号），而对于培养习惯来说，这种方法不是最佳的选择。

情境提示有时是奏效的，有时也可能带来压力；如果设置过多的情境提示，还可能适得其反，使人变得麻木，无法注意到提示，或对便利贴等提示物视而不见。

3. 行动提示

行动提示，就是将已经在做的行为当作提示，以此来提醒自己为培养新习惯采取必要的行动，是将微习惯和行为结合起来的方式。这种方式比前面两种的效果更好。

如果你想养成某种习惯，不妨从当前的日程中找到一个合适的锚点（生活中那些已经固定下来的事情）作为提示，这相当于给行为设定一个排序，让你能够清晰地知道在一个行为之后会发生什么，以及接下来需要做什么。

对照前面的三组任务描述不难发现，我们添加的背景描述基本上采用的都是"行动提示"的方法，其模式也是雷同的，即"在……之后去做……"，将任务安排在一个惯常的行为之后，把新行为和既有习惯结合起来，将它们融入日常。

利用"锚点"来设计提示是一个很好的选择，任何人都可以做到。如果你不想再拖延一件事，不妨为这项任务设定一个行动提示，例如："每天下班之后，直接去健身房。"

纽约大学的心理学家彼得·戈尔维策说："当人们预设好决定时，就把行为控制权交给了环境。"行动提示的价值在于，事先预设了决定。当然，如果压根就没有预设好"要去健身房"这个决定和任务，那么行动提示就是无效的。所以，行动提示无法强迫我们去做自己根本不想做的事，它只能激励我们做自己知道必须做的事。

05 用一张清单提高执行力

> 📖 **核心笔记**
>
> 　　用清单筛选出真正有价值的事情，相应地计划自己的一天。

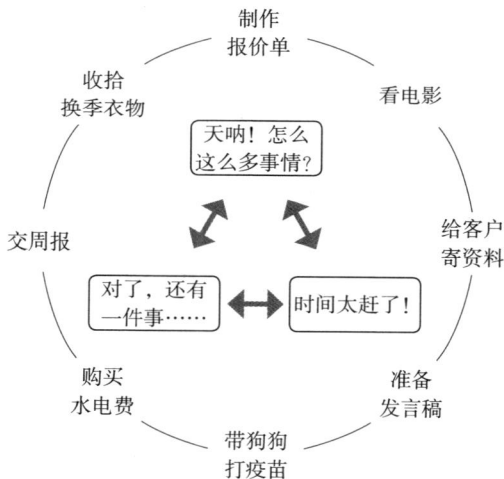

　　当上面这些事情交织在一起，全部浮现在你的脑海中时，你是不是感觉很抓狂？这个必须做，那个也不能省，时间一分一秒地溜过，紧张和焦虑瞬间暴增，却不知道该从哪儿下手，眼睁睁地看着拖延降临。

　　怎样才能终结这种混乱无序的状态，让头脑变得清晰、富有条理，快速投入到行动中呢？每一个被事务缠身又备受拖延困扰的人，都渴望知道答案。相信你也努力尝试了不少办法，无论在此之前你是否了解过，我都想把它介绍给你——清单工作法（图6-1）。

清单像是一把梳子，可以把生活和工作理顺，建立内在的思维秩序，排列事务的优先等级，让你把有限的时间和精力用在真正重要的事情上。哪怕眼下的生活是一团麻，一旦理解并学会使用清单，很快就能让它变得条理分明，忙而不乱。

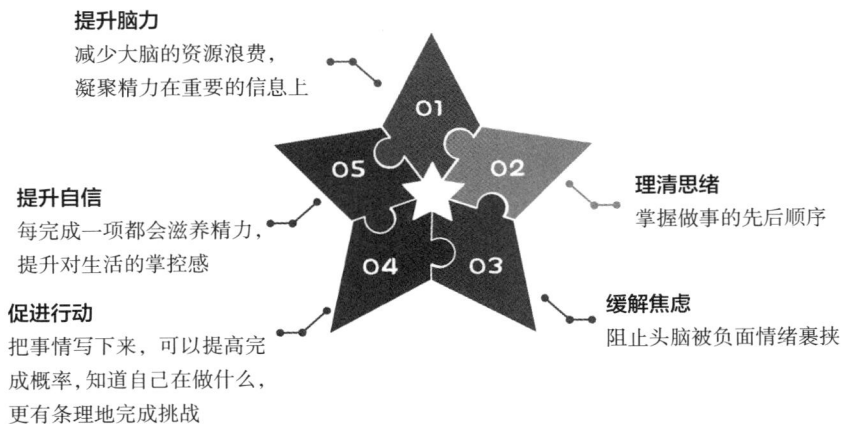

提升脑力
减少大脑的资源浪费，
凝聚精力在重要的信息上

提升自信
每完成一项都会滋养精力，
提升对生活的掌控感

理清思绪
掌握做事的先后顺序

促进行动
把事情写下来，可以提高完
成概率，知道自己在做什么，
更有条理地完成挑战

缓解焦虑
阻止头脑被负面情绪裹挟

图6-1　清单工作法

清单的本质是一套极简的可执行的程序，有化繁为简、提升执行力的效用，可以让重复的事情流程化，让流程化的事情工具化，让复杂的事情简单化。

一项关于职场情况的调查显示：约有63%的职场人有使用

待办清单的习惯。然而，不是所有列出清单的人都能够如愿地完成任务，很多人并没有借助清单告别拖延、提升效率。如果你也有同样的困惑，不妨拿出你的待办事项清单看一看，是否和下面的模式相似。

待办事项 1：完成会议演示文稿

待办事项 2：与客户讨论方案

待办事项 3：更新公众号内容

待办事项 4：读 20 页书

待办事项 5：运动 30 分钟

这是很多人印象里的待办事项清单，但我现在要告诉你，这并不是一份有效的清单，而是一份未经过有效思考的清单。待办事项清单的使命，不是罗列出所有的任务，而是把注意力吸引到真正有价值的事情上，在合理的时间内完成最重要的几项任务，减少无谓的精力浪费。列清单是一个缜密思考的过程，其本质是做计划。

让清单真正发挥效用，需要遵循五个重要法则：

法则 1：不要简单标注任务名称，复杂任务要制订执行计划

待办事项有简单任务和复杂任务之分，简单任务按时完成即可，复杂的知识创造性任务要制订执行计划，包含完成这项任务的具体方案和程序。拆解任务可以减轻心理压力，清晰地看到项目的达成时间时，内心也会多一分掌控感，提升行动

意愿。

法则 2：限定 6 个待办事项，太长的清单容易耗尽认知资源

认知心理学研究表明：人的认知资源是有限的，无论是简单的问题，还是复杂的决定，都会造成一定的认知损耗。处理的任务越多、越复杂，消耗的认知资源就越多。当认知资源不足时，就会出现注意力涣散、意志力低下、效率降低的情况，因而也更容易拖延。

在开列清单时，可以结合"六点优先工作制"，把关键任务限定为 6 个。至于那些只需要几分钟就可以完成的微任务，可以不列入清单，每次留出 30 分钟左右进行批量处理，避免打断工作进程，破坏工作势能。

法则 3：让清单为自己服务，而不是让自己被清单束缚

清单只是一个提示工具，让自己知道要执行的任务，以及完成任务所需的时间，而不是强制性地命令自己必须在某一时间段做某件事。所以，在执行清单时要发挥主观能动性：当清单内容与实际情况产生冲突时，要以实际情况为主；执行清单任务的时间，可以灵活调整。

法则 4：不要沉迷于打"√"，要重视执行效果

执行任务不是简单地打"√"，这样做很容易麻痹对执行结果的判断。时间久了，执行某一项任务就变成敷衍了事、流于形式，做与不做的区别也变得越来越小。虽然表面上看起来

并没有拖延，但行动的收益和拖延差不多。

法则 5：制订好的清单不可以随意修改

清单不可随意涂改，只有在遇到以下几种特殊情况时，才可以进行少许的修订：第一，清单上的任务执行时间与现实发生冲突；第二，清单上的任务执行顺序与现实发生冲突。

在调整清单的过程中，以改动最少实现调整最优化为前提，尽量不要破坏清单整体的协调性。如果清单上出现了大量需要修改之处，最好将其舍弃，因为这样的清单即使进行了修改，也会拉低执行的效率。

我们使用清单是为了改善工作与生活的状态，换得自律与自由。如果清单的存在变成了一个沉重的负担，那就有必要审视一下：到底是清单出了问题，还是自己在使用清单的方式上出了问题。清单就是工具，用对它、用好它，才能促成正向的改变。

第 7 章

精要的思维
化繁为简，告别混乱无序

01 掌握丢弃的艺术

📖 **核心笔记**

　　垃圾或杂物是优良生活的牵绊，是焕发生机的阻碍，是必须清掉的绊脚石。

　　日本畅销书作家泉正人提到，他第一次邂逅《丢弃的艺术》这本书是在公交车上，书中内容深深吸引了他，以至于他差一点错过下车的站点。

　　回到家后，泉正人按照书中介绍的方法，拿起一些垃圾袋走进自己的房间。几小时后，当他走出房间时，手里拎着整整8袋垃圾，里面有不再穿的衣服、小学时期的课本、儿童时代的玩具，以及各种橡皮和贴纸等。他简直不敢相信，这些东西竟然都来自那间仅有十几平米的小卧室。

　　整理完这一切后，泉正人坐在那堆垃圾旁边，陷入了沉思：为什么我以前没有意识到家里有这么多无用的东西呢？然而，最让他震撼的还不止于此。

　　当他把所有垃圾都清走后，房间焕然一新，甚至让他产生一丝陌生之感。过去被物品占据的空间露出了地板，整个空间显得格外宽敞明亮，仿佛是别人的房间。屋子里的空气似乎也变得轻盈起来，泉正人体会到了前所未有的轻松感。

这样的变化，对泉正人产生了长期且深远的影响。从那天起，泉正人切身地感受到了整理的重要性。多年后，同时经营五家企业的他，每年阅读超过 300 本书，还经常参加讲座、学习英语口语、练习高尔夫。他每个月都会出国考察、旅行和发表演讲，并出版了多本畅销书。可是，他没有觉得被繁忙的生活所束缚。他在看来，正是《丢弃的艺术》这本书彻底改变了他的人生轨迹。

泉正人回忆说："其实，我不是一个擅长整理的人，我是那种能不整理就不整理的人。话虽如此，我也认识到了整理的重要性。我吃过那样的亏，比如因为没有及时整理，导致一项工作不得不重复去做，浪费了时间；或是丢失了重要的票据，丧失了客户的信任；等等。

"我个人的经验是，如果不及时整理，工作效率就会下降，有时不得不花费很长时间找文件或票据，或是重复同样的工作。这些时候，我的大脑也是混乱的，分不清工作的轻重缓急，可只要及时进行了整理，工作就会变得特别顺利。总之，我整理不单纯是为了环境整洁，更是为了提高工作效率。"

美国作家布鲁克斯·帕玛说过："垃圾或杂物，包括你保留的但对你不再有用的东西。这些东西可能是损坏了的，也可能是崭新的，无论如何，它们都已经失去了价值，所以成了垃圾。这些东西一无是处，当然不能提高你的生活品质。相反，它们是优良生活的牵绊，是焕发生机的阻碍，也是你必须清除掉的绊脚石。"

丢弃无用的杂物，不仅是一项清洁工作，更意味着打破固有的生活模式与习惯性思维，为自己所处的环境和身心进行一次彻底的清理。通过这样的过程，凸显出真正重要的、有价值的事物，并将有限的时间和精力聚焦于它们，换来高效、高质的人生。

清理杂物的第一步是对物品进行分类——现在用的、将来用的、不会再用的，我们要丢弃的就是那些不会再用到的东西。如果你不太清楚具体该怎样对物品进行取舍，下面有一些小小的提示，不妨作为参考：

1. 长期未使用的物品

近 1~2 年内没有再使用过的物品，也没有预定要使用的物品，如衣服、包包、护肤品、报纸、文件等，或是过时的办公设备，如录音笔、速录笔、扫描仪等。

2. 有待修理的物品

家里坏掉的小电器、手表、锅碗瓢盆等，如果这些东西无法奇迹般地自行复原，不妨把它们丢弃，腾出空间。

3. 伤感情的物品

《丢掉 50 样东西，找回 100 分人生》的作者盖尔·布兰克说："如果有些东西让你心情沉重或感觉不好，让你觉得疲倦，或让你在生活和工作上无法更进一步，它就得离开。我们应该以'它让我感觉如何'为标准，仔细检查周遭每一样用品。"

前任的照片、上次婚姻的婚纱、未录取的通知书、亲人灾难事故的简报等，这些东西会严重影响我们的情绪，阻碍我们走向新的人生。

我们占有物品的同时，也在被物品占有，总少不了要花时间和精力去收拾和整理。如果一直不丢弃杂物，任其不断积累，这些物品就会成为生活的主人，而我们也会变成被杂物包围的负能量者。人生要有选择的勇气，丢掉过去的、旧的、没用的物品，你会慢慢感受到思想和生活都在发生根本性的转变。

02　保持办公桌的整洁

📖 核心笔记

把办公桌上所有与正在做的事情无关的东西清理干净。

朋友文森是一名销售型设计师，既要设计方案，又要跟业主沟通对接。自从有了自己的工作室后，他忙得不可开交，总是跟我抱怨："老是有事拖后腿，工作好像怎么都做不完！"

一次偶然的机会，我受邀前往文森的工作室，"观摩"他的工作环境和工作状态。说实话，一走进去，我简直被眼前的景象震惊了！

办公桌上杂乱无章地堆着各种图纸和笔，桌面空间仅够放下两只手。旁边的文件架也很乱，混杂着业主资料、初稿和新稿，还有几本落满灰尘的书歪斜地摆在上面。文森的电脑显示器周围全是便利贴，五颜六色、参差不齐。便利贴上记录的内容繁杂，有之前的合作日期、业主的联系方式，还有紧急事项的提示。

这时，文森的合伙人打来电话，让他找出前段时间某位业主的设计稿。文森看了一眼杂乱的桌面，在一堆文件夹中盲目翻找，显得毫无头绪。十几分钟过去了，合伙人再次打来电话催促，文森还没有找到，只好无奈地回复对方："找到后我给你送过去。"

目睹了这一切后，我跟文森说："今天的'观摩'就到这儿吧！我觉得，你需要好好整理一下办公室了。我在这里待了半小时，一直看你在找东西……"

麦肯锡咨询公司的咨询顾问艾森·拉塞尔说过："建立一个好的工作环境和秩序，即可提高工作效率；如果工作无序也毫无条理，经常在杂乱无章的环境中寻找文件、工具，就会在无形中浪费很多时间和精力。"

相关专家研究发现：桌面凌乱不堪的人，往往工作效率也比较低，做事容易拖延。原因再简单不过：处在乱糟糟的环境中，要耗费大量的时间和精力寻找东西。原本 1 分钟就能够做好的事，却因东西混乱不堪而耽误正事。对此，芝加哥和西北铁路公司的董事长罗兰德·威廉姆斯说："我把处理桌子上堆积如山的文件称为料理家务。如果你能把办公桌收拾得井井有条，你会发现工作其实很简单，而这也是提高工作效率的第一步。"

那么，该如何整理办公桌，才能让工作更加井然有序呢？

1. 收起那些可有可无的东西

电脑、鼠标、键盘都是平时办公要用的，不需要收起来。但是，那些小摆件、订书机、文件夹等可用可不用的物品，最好收在抽屉中。把它们全部摆放在桌面上，不仅会干扰视线，还容易在规划某项工作时因为看到某个物件而分心，无法专注思考。

2. 只留下现阶段用的资料

为了保持视野的清晰，不要把所有资料和工具都堆积在桌面上。现阶段需要用什么资料，就把它们放在触手可及的地方。一旦完成了这项任务，就要及时把资料收起来，并取出下一个项目所需的资料。这样可以节省空间，还能确保专注于当下正在做的事情。

3. 工作结束后清理桌面

每天下班后，花上 2~3 分钟的时间，把桌面清理干净，并把第二天的计划放在桌上。这样，第二天早上上班，看到干净整齐的桌面，心情也会舒畅。更重要的是，不必再花费时间清理，能够立刻投入到工作中。

4. 整理好电子文件

除了办公桌上可见的物品，电脑里的那些文档也要分门别类地整理好。如此，无论找什么文件，都可以迅速地知道它在哪个硬盘、哪个文件夹里，可以节约不少时间。

整理办公桌看似不起眼，却直接关系到工作效率与个人的情绪状态。最容易变得杂乱的地方物品越少，越能证明我们掌控了自己所处的环境。当这些平凡而琐碎的事物都在掌控之下，我们对时间和自我的掌控也会更加从容。

03 把简单的事务标准化、流程化

核心笔记

把一切能够标准化的工作，全部标准化，以缩短流程。

有些工作需要发散性思维，拿出颇具创意的成果；也有些工作不需要耗费脑力，但每次都要重复操作，为避免浪费不必要的时间，这类事务需要进行规格化和统一化。

1. 相同文字需多次书写时，可制作一枚橡皮章

某事务所的工作人员为了提升办事效率，制作了多种橡皮印章，包括日期章、裁决章、住址章、姓名章等。如此一来，需要添加哪一类信息时，可以直接使用相应的橡皮章，省去了手写的时间，既省劲又能减少出错率。

不仅是橡皮章，任何可以实现作业标准化、程序化的工具，都能有效提升工作效率。对于那些需要频繁书写相同内容的文件，在印刷时可以直接印上相应的文字或数字，非常方便。有了这些工具，不需要反复请示，任何人都可以独立完成相关工作。

2. 收集的零散资料，统一规格，复印后再保存

许多人在杂志上看到有用的消息，直接将其复印存档，事实上这样的操作不等于完成了资料收集。复印是为了方便情报的后续使用，实现东西"一取出即能用"的效果。为此，最好是采用活页式复印、活页式归类分档的方法。这样的话，任何时候取阅都很方便。复印用的活页纸，纸张尺寸要统一，便于整理。

3. 档案的尺寸和厚度要统一样式

档案可采用规格统一的纸张来复印和整理。如果档案的大小、薄厚不同的话，整理起来会很费劲。如果从一开始就统一样式，便可以缩短查阅时间，且会让复印和整理变得轻松。

4. 把一切能标准化的工作，全部标准化

把所有能标准化的工作全都标准化，然后让每个人都按照这个标准来做，即便监管的人不在，也不容易出错，工作也能自动化。每个人一旦按照操作的标准去做，必然能够提升产量和效率。当工作内容标准化之后，就要立刻找出一套可复制的流程，将其系统化。

比如：一项工作完成后，可以把自己所用的方法和经验总结出来，做成档案存放。这一套工作程序出来后，后续有人再进行类似的项目时，以此为参考，可以节约时间。

总之，简单的工作，要思考如何总结出更有效的方法，节省时间，缩短流程。

04 力所不能及的挑战尽早放弃

📖 核心笔记

别把时间和精力耗费在"实力不足以完成"的事情上。

要求上进、敢于争取是一种积极的态度，但个人条件和客观环境终究有一定的范围和限度。无论我们怎么努力，也不可能让每件

事都如己所愿。对于那些力所不能及的事情，没必要硬争到底，勉强自己去做只会分散心神和打击自信心，并不是明智的选择。

公司派石先生到国外进行商务谈判，原计划是与 5 家规模不一的公司进行为期半个月的会谈。为了争取更有利的谈判结果，石先生优先选择了规模最大、实力最强的企业进行洽谈。然而，他没有料到，这次谈判一开局便遭遇了挫折。

由于对方是一家跨国公司，一直希望借助潜在合作伙伴的力量来拓展中国及亚洲市场，所以，它对合作伙伴的要求非常明确，必须具备强大的实力、丰富的市场资源或广泛的商业渠道。然而，石先生所在的公司无法满足这些条件，因此未能获得对方的青睐。

石先生未能理性分析形势，他固执地认为，只要说服对方相信公司的潜力，就能与对方达成合作，也可以借助其力量迅速打开欧洲市场。4 天过去了，石先生的一厢情愿并没有使谈判取得任何进展，可他还是不愿意放弃，总期待着出现转机。又过了 2 天，直到对方明确表示谈判终止，石先生才无奈地离开。

因为在这家跨国公司身上耗费了过多的时间，石先生已无暇认真地与其他几家公司进行商谈。最终，这次欧洲之行以失败告终，石先生因办事不力遭到了领导的批评。

石先生的初衷是好的，但他犯了一个严重的错误，就是没有认清客观形势，过于刚愎自用，他在无法实现的目标上浪费了大量时间，影响了其他工作的推进。

越是无法解决的问题，越想去解决；越是无法得到的东西，越绞尽脑汁去争取。这种心理机制对于精力管理而言是一个弊病。当我们将精力浪费在那些根本不可能完成的事情上时，整体的工作进程就会停滞不前，其他重要工作所需的时间也会遭到挤压，拉低整体的效能。

每个人的精力都是有限的，精要主义强调取舍，既然是取舍，就不能选择什么都做。所以，在处理问题时务必遵从一些原则，以便减少阻碍，提高时间和精力的利用率。

原则 1：避免好高骛远

勇于挑战是值得肯定的，但挑战的前提是目标必须切合实际。如果总是好高骛远，总想做出惊天动地的大事，博取他人的仰慕，无视客观环境和自身实力，挑战就变成了自不量力。

原则 2：量力而行

如果能力允许，就去做大事情；如果能力不足，就选择做力所能及的事。无论事大事小，重要的是能体现自己所做事情的价值。如果是自己做不来的事情，宁肯放弃也不要逞强，否则不但会影响事情的进程，也会影响自己的信誉。

原则 3：放弃高风险、低回报的事

在选择做某件事情时，我们都会考虑风险和收益，并倾向于选择收益大、风险小的事，这样付出的时间和精力才更有价值。如果一个任务在执行的过程中，风险很大，收益很小，那就没有必要去冒险挑战，以免得不偿失。

05 没必要所有事情都亲力亲为

📖 **核心笔记**

借一双合适的鞋子，比赤脚跑得快。

如果你希望自己的时间能够更有价值，并且渴望提升自己与精力之间的协调与默契，那么你就需要放弃那种"凡事都要亲力亲为"的思维模式，学会借力——授权。

肯尼思·默雷尔在《有效授权》一书中指出："授权，是对权力进行一种创造性的分配，也是对责任的共同分担。"所谓创造性的分配，是指通过权力的下放与合理配置，在管理者与被管理者之间构建一种积极有效的互动关系。

授权是一门精妙的管理艺术，绝非简单粗暴地将手中的权力与责任托付给一个自认为可靠的人，然后坐享其成。如果对方有责任心，或许能交给你一份相对满意的结果，为你节省时间和精力；如果对方不可靠，最终的结果可能比你亲自处理还要低效。

如何才能确保有效授权，避免"所托非人"的结果呢？

1. 避免直接授权，注重培养与引导

如果你认为某位下属有能力独立执行某项事务，切忌直接授权给他。你可以先选择一项可以相互配合的工作，与之一起完成。在完成工作的过程中，对他进行培训和考察，逐渐让他承担更多的责任，再赋予他相应的权力。

2. 授权之前，让对方制订详细的工作计划

有些管理者不假思索地把权力授予某个下属，被授权者因心理准备不足感到慌乱，一时间不知所措。为了避免这样的情况，在授权之前，先让授权对象制订一份完整的工作计划。这既是一种暗示，让他提前做好心理准备；也是一种考验，评估他是否具备承担这份权力的能力。

3. 计划赶不上变化时，让被授权人自主决策

有些人授权之后，总感觉不踏实、不放心，特别是当情况有变时，焦虑感会倍增。我们需要认识到，授权的核心意义在于，有人能够在关键时刻为你分担压力，减轻你的工作负担和精力消耗。如果你不能培养被授权人的这种能力，那么授权就失去了意义。

当情况发生变化时，一方面你需要密切关注事态的发展，另一方面你需要稳住自己的心，别因为一点风吹草动就急于从

幕后"杀出",试图夺回控制权并改变局面。你应该多一点耐心，观察授权对象是否有独当一面的能力。

无论你是普通员工还是管理者，都应将精力集中在关键事务上，避免因处理过多琐碎之事而耽误重要工作。授权的意义在于将自己从繁杂的细枝末节中解脱出来，专注于最重要、最关键的事项，从而使付出与收益更加匹配，创造更大的价值！

06 沉没的成本，不值得浪费精力

> 📖 **核心笔记**
>
> 舍不得沉没成本，期盼它产生效益，往往会造成更大的损失。

满怀期待地买回来一本书，阅读了两页之后却发现，内容与自己的预期大相径庭，于是非常失望。可是，买书的钱已经花了，书也读了一半，难道就这样放弃？

入职新工作已过三个月，下周就要转正了，可是心里总觉得，这份工作的内容和整个公司的氛围，并不是特别适合自己。不甘心的是，已经工作了三个月，眼看就要转正拿正式工资了，这样辞职是不是太亏了？要不要再做一段时间？

费尽心思培养的一位下属，之前表现可圈可点，但近一两年业绩明显下滑，态度也很松懈。是该继续留用，还是另觅良才？真的很难抉择，毕竟培养他耗费了不少时间和心血。

原本打算坐公交车回家，可等了 20 分钟仍不见车来，心中不禁冒出一个念头：要不打车回去吧？可转念一想：已经等了这么久，就这样放弃是不是太可惜了？万一公交车下一秒就来了呢？还是再等等吧！

上面的这些情景，是不是也让你看到了自己的影子？在决策过程中，我们经常会被沉没成本影响，即那些已经发生且无法收回的支出，如时间、金钱和精力等。那么，对之前所做的努力和投入感到难以释怀，这样做到底有没有意义呢？

很直白地告诉大家，没有任何意义！这只会让人在纠结和犹豫中徒耗精力。经济学对成本的定义是"放弃了的最大代价"，成本一旦沉没了，就不再是机会成本，也不能够作为现在或将来决策的参考变量。

从理性的角度来看，沉没成本不应作为当前决策的考量因素，因为它代表了过去，是指那些因过去决策而产生的、无法通过现在或将来的任何决策改变的成本。只不过，我们出于想要挽回已付出成本的心理，在做出当前决策时，往往会把之前的投入考虑进去，难以割舍。

《人生本就不易，你要学会止损》中有一段颇具深意的话："在感情中，当你付出真心却换回来刀子，你的感情就应该进入止损流程；在职场上，当你做着一份不喜欢的工作，拿着不快乐的薪水，那么这份工作就应该进入止损流程；在人际交往中，当你的情分被当作义务，一味被滥用的时候，你的善良就该进入止损流程。"

面对沉没成本，执着不舍是徒劳无益的。我们应勇于承认错误，以"当下"为新的起点，对自己进行理性的审视和发问：如果之前没有做过任何的投入，我现在愿意为这件事投入多少资源？如果我现在选择放弃，省下来的时间、精力和金钱还可以做哪些事情？

从长远来看，如果你现在所做的事情，正在朝着你不希望的方向发展，这说明其中的某个环节可能存在问题，需要停下来认真反思，而不是置之不理。如果你的努力始终没能改变现状，甚至让你逐渐失去了对局面的掌控，你也要思考是否哪里出了偏差，要及时进行调整。

不是所有的坚持都有意义，意识到有些事是错误的，就要及时止损。在错误的路上义无反顾地坚持，就像是站在一条死胡同里，还希冀着快点抵达终点。这样的坚持没有任何意义，只会把人生中真正重要的、有益的事情耽误。

第 8 章

清晰的界限
划出工作与社交的边界

01 照看好自己的"猴子"

> 📖 **核心笔记**
>
> 每个人都应当照看好自己的猴子。

精力管理做得好的人存在一个共性：非常重视选择能力，并且具备做出选择的能力。

选择是困难的，因为它意味着拒绝一件或多件事情，但选择又是必不可少的。许多人之所以做事拖沓、效率低下，恰恰是因为不懂得或不敢拒绝：为了避免社交上的尴尬和压力，或是追求取悦他人后获得的自我满足感，在面对他人的请求时总是下意识地说"是"，并没有进行深入的思考。当那种兴奋感消退后，随之而来的便是懊悔与痛苦。到了那时，他们才意识到自己即将陷入一种悲催的境地：为了履行承诺，不得不牺牲更为重要的东西。

"猴子管理法则"指出：每个人都应当照看好自己的猴子。如果你是一个珍惜时间的人，就不要随随便便去接别人扔过来的猴子。如果有人总是把他的猴子丢给你，而你也接受了，那么你的生活和工作会变得一团糟，因为你要花费大量的时间去照顾别人的猴子。

虽然这个世界上到处都是猴子，但你能做的，只是挑选出一只你真正关心的。如果可以，让别人去照顾他们自己的猴子；如果他们不想处理，你也不应当试图解决别人的问题。偶尔伸出援手没什么，但千万不要让人以为，你可以随意接受任何人的猴子。这样的话，你才能够避免浪费自己的时间。

其实，这也是精力管理的核心内容，它诠释了选择的要义：学会拒绝无关紧要的事情，专注于真正重要的事项；摒弃认为自己可以胜任一切的想法，审慎地做出时间和精力的最佳投资。这种选择不是出于应激反应，而是辨别"重要的少数"和"不重要的多数"，区分"自己的猴子"和"他人的猴子"。

把精力用在刀刃上，意味着要对一些人说"不"，而且要经常性地说"不"。毫无疑问，这样的做法意味着要将一些社会期待拒之门外。为了减少不愉快的场面，我们需要掌握一些技巧。在拒绝他人的请求时，你不妨试着按照下面的步骤去做。

1. 将决策与关系区分开来

当他人向你提出请求时，千万别把这个请求和你们之间的关系混为一谈。有时，它们看似紧密相连，以至于让你在逻辑上产生混淆，认为拒绝这个请求就等同于否定了这个人。只有将决策与关系清晰地区分开来，才能做出理性的选择，并找到合适的方式去表达。

2. 耐心听对方把话讲完

认真听完对方的请求，哪怕听到一半时，就已经知道非拒绝不可，也要听对方把话说完。这样做是为了表示对拜托者的尊重，也是向对方表明，自己对事不对人。

3. 拒绝 ≠ 直截了当说"不"

拒绝，并不一定意味着直接说"不"。当你无法立即决定接受或拒绝时，可以告诉对方："我需要一些时间来考虑。"同时，明确告知对方你所需要的时间，以避免对方误解你在用考虑作为推脱的借口。

如果你已经决定不接受，可以这样说："谢谢您能想到我，但我恐怕没办法提供帮助。"或者"我非常愿意帮忙，只是目前力不从心。"

相互协作是值得肯定的，但前提是游刃有余地处理好自己的事务，并且拥有充裕的时间和精力。只有在力所能及的范围内，才能考虑接受他人的请求。对他人的请求说"不"，可能会在短期内对关系产生一些影响。然而，当最初的负面情绪逐渐消退后，尊重便会显现出来，因为你的拒绝体现了对时间和精力的珍视，也表明你敢于遵从内心的选择。

02 和消极懒散的人保持距离

📖 **核心笔记**

懒散消极的人会悄无声息地侵蚀我们的精力。

没有人能够完全摆脱社交网络的影响，与什么样的人交往，直接影响着我们的状态。那些懒散的人，他们的消极态度和拖延行为往往会悄无声息地侵蚀我们的时间和精力。你原本坚定地想要全力以赴完成自己的任务，但他们在你耳边不断发出充满诱惑的"召唤"，最终，你可能难以抗拒地加入他们。等你回过神来，才发现那些所谓的"诱惑"不过是些无聊至极的事物，而宝贵的时间却已经无法寻回。

小睿所在的销售组有一个消极怠工的同事，整天在办公室里晃来荡去，不停地跟他宣扬"工作没意思""人生无望"的论调，这让小睿极度厌烦。他说："我不过是一个普通人，没有那么强的自控力，很难做到视而不见、充耳不闻。其实，我现在也很迷茫，每天看到他懒散的样子，听到那些消极的话，情绪就更差了，工作效率也明显下滑。"

小睿很清楚，如果继续这样下去，他的工作和个人发展都会受阻。为了改变这种状况，小睿开始主动与那位同事保持距离，减少与他的互动。他不再参与那些无谓的闲聊，当同事试图跟他搭讪时，他会找借口离开，去一个相对安静的地方处理工作。

负面情绪具有很强的传染性，这也是人际关系消耗精力的一个重要因素。所以，我们要刻意与这些"传染源"保持距离，以保护自己的精力和能量，避免被他人的消极情绪影响，下面是一些具体可行的建议：

1. 专注于自己的事务，忽略懒散者的言行

如果你身边存在消极懒散、整日浑浑噩噩的人，无论他们在做什么，都不要过多关注或揣测，要专注于自己的事务。当你成功屏蔽他们的干扰，顺利完成一项任务时，你会体会到成就感，这种美好的感觉会为你注入更多积极向上的力量。

2. 谈及与工作无关的事时，不要被诱惑

懒散的人有一个毛病——做事时总是开小差，一会儿喝杯咖啡，一会儿去趟厕所，一会儿再看看新闻，有时还会找旁人聊聊天。当他找到你，谈及与工作无关的事时，千万不要被诱惑。一旦你被诱惑，就意味着重要的事开始被拖延，之后你必须为这一刻的闲聊付出加班的代价。你不妨坚定地告诉对方："我现在正忙，回聊。"你的拒绝，可以让对方了解到你的态度，识趣地不再"拉拢"你。

3. 明确划分职责，避免受到不必要的牵连

与懒散的人合作是一件令人头疼的事，如果你所在的团队

中有这样的人，那你必须处理好一件事：清晰地划分责任，确保团队其他成员都知道懒散者具体负责哪一个工作环节。这样做是为了防止他把消极怠工造成的麻烦转嫁给你或其他人。如果所有人都知情，可以有效避免无辜者受到牵连。

4. 主动远离懒散之人，与积极进取者同行

整天跟悲观消极的人聊天，情绪难免会受到影响，总要花费一点时间才能把自己从坏情绪中拉出来。这种不必要的精力耗费能省则省，对懒散的拖延者不妨刻意拉开距离，多与积极向上、行动力强的人为伍，这也是对自己的一种保护。

与消极懒散的人保持距离是保护自己精力和能量的重要措施，你可以根据自身的情况设立适用于自己的规则。有了既定的"框架"，即便周围存在消极怠工的人，不断地发出抱怨声，你也可以稳住自己的心，及时提醒自己该做什么，不该做什么。

03　保持工作与生活的平衡

📖 核心笔记

平衡工作与生活，杜绝连轴转。

"二战"期间，德国法西斯对英国发动猛烈攻击，伦敦时常陷入火海，轰炸声此起彼伏。在这样的危急时刻，丘吉尔在做什么呢？他正坐在沙发上织毛衣。

这一消息传出后，许多英国人纷纷摇头表示不解。丘吉尔身为首相，肩负着国家重任，民众认为他对国家大事似乎有些"心不在焉"。然而，事实果真如人们所见所想的那样吗？

后来人们才知道，丘吉尔不是用织毛衣来打发时间，这是他独特的休息方式与自我放松的途径。作为一位指挥百万大军、管理战乱中国家的领袖，他的精神长期处于高度紧张的状态，选择利用仅有的空闲时间织毛衣，正是为了分散注意力，让紧绷的神经得以放松。

当我们感到精疲力竭时，通常意味着我们已经耗尽了自身的精力储备。在这种状态下，无论我们做事的动机多么强烈，体力和脑力都难以支撑我们继续完成任务。此时，力不从心便不可避免地出现了。面对这一问题，最有效的解决方法是停下来休息，及时补充精力。

遗憾的是，有些人明明已经支撑不住了，却还是咬牙硬撑，即便饱受拖延和低效率的折磨，也不敢停止工作，甚至还会对"放松"的想法和行为产生罪恶感。如果你正陷入类似的困境中，那么我想提醒你：被埋没于重重任务之中不能自拔，是典型的压力成瘾。压力成瘾带给我们的是低下的效率、不良的生活习惯、烦闷的心情，以及越来越糟的身体状况。

长时间埋首于繁重的工作，牺牲所有休息时间，并不能换来更多的价值，反而可能导致我们失去更多。我们的生命中不仅有工作，还有家人、朋友以及各种美好的事物。只有找到工作与生活之间的平衡，才能确保高效的工作和愉悦的生活。

怎样安排工作与生活，让精力在耗损与恢复之间达到平衡呢？其实，不需要什么特别的方法，最简单直接的做法就是告别连轴转。

1. 减少流于形式的加班

当工作任务的截止日期临近，还剩下不少工作尚未完成，适当地加班赶一下，无可厚非。如果是因为到了下班时间，其他同事都没有走，而你害怕"特立独行"，即使做完了本职工作也不敢离开，那就没有必要了。

工作之余的时间属于你，你有权利用它来安排自己的生活，或是进行自我提升。只要你能递交优异的工作成果，就无须为任何理由认为自己"应该"待在办公室里浪费时间。

2. 午间花 15 分钟稍作休息

一项研究表明，近三成的人选择在办公桌前吃午餐，几乎是分秒不停歇。事实上，如果能在午间抽出 15 分钟小憩片刻，哪怕只是闭目静坐，也能有效恢复精力，提升下午的工作效率，同时增进整体的健康状况。

3. 把周末与节假日还给自己

夜以继日地工作，甚至连周末和假期都不放过，最终只会让自己身心俱疲。你可以尝试记录 1~2 周的生活时间明细表，详细记录每天的时间分配方式，审视当前的工作安排中存在的问题，并及时做出调整。

4. 明确划分公与私的界限

你每天会查看多少次手机信息？工作是否已经侵占了你三餐的时间？群组消息是否已经蔓延到你的日常生活？如果是这样，你需要尝试将生活划分成不同的部分，将工作限定在特定的时间段内，而将剩余的时间和精力留给自己、家人以及你的业余生活。

04 主动为人际关系减负

📖 核心笔记

无效社交带不来滋养，只会透支情感精力。

忙碌了一整天，终于到了下班时间，林海收拾好东西，正准备离开办公室。这时，同事刘欣喊住了他："小林，能不能等等我，一起走？"

　　虽然心里想早点回家，可是刘欣开了口，林海也不好意思拒绝，便答应了。没想到，向来有些慢性子的刘欣，竟然在下班回家这件事上也是不紧不慢：慢悠悠地关电脑，又去洗了水杯，还去了一趟卫生间……这一通下来，足足用了 15 分钟。

　　好不容易等刘欣收拾完毕，另一位同事又提出请求："等会儿我，等会儿我！"又是一番等待，三个人终于走出办公楼，此时，已经过去了 25 分钟。

　　走在通往地铁站的路上，两位同事叽叽喳喳地讨论着娱乐八卦，哪家商场在打折促销，近期又上映了什么电影……此时，林海心里只惦记着家里新来的小狗"纳豆"，它还在家等着自己下班。"也不知道狗粮吃完了没有？"想着想着，林海不由得加快了脚步。

　　同事喊道："哎，小林，你走那么快干吗呀？等等我们……"林海尴尬地笑了笑，站在前面等他们。慢悠悠地到了地铁站，两位同事嫌列车太挤，说想再等一辆。这一次，林海没有奉陪，他说："我有点事，着急回去，先走了。"

　　到家之后，林海看了一眼时间，比平时晚了整整一小时。他为这一小时感到惋惜：明明可以用来做饭、遛纳豆、读 20 页书，或是给父母打个电话……不管做哪一件事，都比现在让自己感到舒适和快乐。

林海也知道，职场关系很重要，多和同事接触有利于融入团队。可是，像今天这样的"结伴同行"，他认为是"无效社交"：第一，这种同行和工作没有任何关系，不是出差，也不是约谈客户，即使不和同事一起走，也不太影响彼此的关系，找个借口婉拒即可；第二，他不热衷于闲聊，也并不享受这段同行时间，既没有获得信息方面的资源，也没有感受到情绪上的放松，在尴尬中耗费精力，影响了正常的生活节奏。

有价值的人际交往，应当是双向滋养，而不是单方面的妥协和消耗。那些无法给自己的精神、感情、工作、生活带来任何愉悦感和进步的社交活动，都可以视为无效社交。

在无效社交上投入的成本越多，浪费的时间、消耗的精力越多，不仅无法从中获得内在的滋养，还可能引发情绪上的厌烦或是行为上的颓废。具体来说，下面的这些人际关系都是需要重新梳理，适当做出割舍的：

1. 对生活和工作无益的关系

这种社交纯粹是为了凑热闹而进行的活动，例如同乡会、论坛聚会等。一群互不相识的人聚在一起吃饭，彼此并不了解，也不太可能对未来的工作和生活产生实质性的帮助。这样的社交，即便投入再多精力，也难以获得回报，只是消磨时间而已。

2. 给自己带来负能量的关系

远离负能量满满的人，是对自己最大的保护。有些人经常抱怨不公、指责他人、传播焦虑，长时间与这类人交往，容易被他们的消极情绪所影响，甚至陷入消耗性的情绪旋涡。

3. 带有"情分"绑架的关系

有些交往是出于人情压力，比如：多年未联系的老同学突然组织聚会，或是不熟悉的朋友频繁邀请你参加饭局。这些活动无法带来真正的情感交流，也不会对生活有实质性的帮助，就是被绑架在了"情分"上，无端地浪费自己的时间，没有任何意义。

4. 流于形式的浅层关系

存在于手机里的"好友"，看似彼此相识，实则只是熟悉名字。每天花费时间刷动态，纠结要不要点赞、该如何评论，只会徒增烦恼。如果彼此还有利益关联，或许还会维持一份表面的联系；一旦利益不再，对方便沦为通讯录里一个可有可无的符号。

当我们身处困境时，真正能够伸出援手的挚友实属"限量版"。与其在形式化的无效社交中浪费时间，不如与真正的朋友进行一次深度交流——无论是探讨理想、分享见解，还是倾听心声，这些互动都能有效地增进联结，补充情感精力。

05 不要试图"拯救"任何人

> 📖 **核心笔记**
>
> 　明确心理边界和行为准则，不干涉他人的命运，不背负他人的情绪。

　　陆瑶在过去的二十几年里，一直背负着妈妈的情绪。在陆瑶的口中，她的妈妈性格内向，不善言谈，生活节俭，又很倔强；爸爸热情健谈，很爱面子，常和朋友出去吃饭，还出手阔绰地借钱给别人。为此，父母两人经常吵架。

　　每次和妈妈对话，妈妈都会把近期发生的那些芝麻绿豆的事跟陆瑶念叨一遍，再数落丈夫的种种"恶习"。陆瑶总是安慰她，把她的情绪照顾好，但结束对话后，陆瑶的心情就会跌入谷底。她责备自己没有能力，无法让父母融洽相处；责备自己赚钱太少，无法让妈妈不再为了钱的问题焦虑。陆瑶经常把自己代入妈妈的情绪里，想到她受委屈的样子，就会落泪。

　　其实，家里的情况并不像陆瑶妈妈说的那么糟糕，陆瑶也隐约察觉到了这一点。父母前一天晚上吵得不可开交，可第二天早晨又会讨论家庭琐事，像是什么都没有发生过，唯独陆瑶还沉浸在糟糕和痛苦的情绪状态里。

后来，陆瑶踏上了自我成长之旅，通过心理咨询深入地探索自己。在咨询师的帮助下，陆瑶意识到了自己痛苦的原因——她把自己代入到了妈妈的情绪中，总是忍不住想要去分担妈妈的痛苦。与此同时，陆瑶也明白了一个事实：父母之间的问题应当由他们来解决，自己没有责任去背负，也无力承担；妈妈对爸爸的不满，以及她感受到的委屈，都是妈妈的情绪。作为女儿，陆瑶可以选择倾听和安慰，也可以让妈妈用其他的方式消解，每个人都必须对自己的情绪和行为负责，这是妈妈的人生课题。

陆瑶并不是个例，很多子女（尤其是女儿）都是背负着父母的情绪长大的，即使成年之后，也总是惦记着"拯救"父母。这种在原生家庭中形成的情感模式，也会影响与其他人的相处，最典型的表现就是：对他人的情绪反应过分强烈，分不清楚自己的情绪和他人的情绪，总觉得自己要对他人的情绪负责，有责任让他人从痛苦中解脱。

从本质上来说，这是边界模糊的问题。每个人都是独立于他人的个体，即便彼此之间的关系很亲密，即便对他人产生了共情，也当明确个人边界——分清哪些是自己的人生课题，哪些是别人的人生课题；把自己的责任留给自己，把他人的责任还给他人。如果总想拯救他人的命运，背负他人的情绪，只会不断吸食他人的负面能量，让自己的人生走向失控。

在人际相处中，要保持个人边界，需要做好以下三件事：

1.分清楚情绪来自谁，不把他人的情绪视为自己的情绪

当对方心情低落、希望独处时，你应当理解，这种沮丧的情绪是属于他的。即使你感受到了他的烦闷，也不要认为自己有责任将他从这种情绪中解救出来，这是过度共情的表现。你要做的是表达理解，主动为对方提供一个安静的空间，让他独自消化自己的情绪。

2.明确对方的情绪是否和自己有关，按捺立刻反应的冲动

容易内耗的人有一个习惯，看到别人心情不好，就怀疑自己做错了什么，才惹得对方不悦。随后，他们就会做出一些讨好的举动，试图确认对方的消极情绪不是因自己而起。这也是过度共情所致，你要克制取悦对方的冲动，把注意力拉回到自己该做的事情上。

3.每个人都需要为自己的情绪负责，放弃拯救他人的全能自恋

当一个人缺少情绪界限时，就会跟别人的情绪纠缠不清，把别人的事情当成自己的事情，把别人的情绪当成自己的情绪，总想拯救别人的痛苦，消除别人的愤怒，为此耗费大量的精力。请注意，这不是健康的共情，而是一种全能自恋——认为自己是全能的，觉得自己有必要在感受到他人的痛苦时做点什么，

把对方从负面情绪中拯救出来；如果不能让对方的情绪好起来，就会感到内疚和自责。

放弃这种全能自恋吧！如果你尊重对方，就要发自内心承认他是一个独立的人，相信他有能力处理好自己的情绪问题，走出现实困境。你能够给予的有效帮助，是理解对方的感受，陪伴对方去探索解决问题的途径。

不管是父母、伴侣还是朋友，当你对他的痛苦感同身受，并产生想要拯救对方的冲动时，先冷静几秒，试着提醒自己：这是对方的情绪，他要为此负责，我没有责任也没有能力去承担他的情绪、背负他的人生。我要把属于他的情绪还给他，默默地陪伴他，相信他有能力处理好自己的问题。

第 9 章

屏幕的诱惑
数字化时代的精力管理

01 警惕手机带来的行为上瘾

核心笔记

删除非必要的 App，就是在夺回被侵占的注意力。

"不知道从什么时候开始，我发现自己变得越来越懒散，甚至有点堕落。每天上班都像是在混日子，该做的事情总是习惯性地往后拖，不到最后一刻，我都无法说服自己行动起来。这两年，我在工作上没有任何进步，也没有学习，大部分的时间都花在手机上。

"不管是通勤路上、工作间隙，还是下班后的休息时间，我都是手机不离手。我就像是被手机'绑架'了，不看总觉得不自在，不由自主地就会滑开屏幕：刷视频、玩游戏、看新闻，2~3 小时转瞬即逝。可是，真到了处理正事时，我却怎么也静不下心，总是忍不住又去看手机，做事效率特别低。"

上述的这一番感触，有没有戳中你的痛处呢？

智能手机重塑了我们的生活方式：轻轻滑动手指，美食、音乐、地图、社交、游戏、金融、购物……所有能够想到的、需要的东西，都可以轻松便捷地获取。与此同时，智能手机也让人在不知不觉中产生依赖，甚至行为上瘾。当手机电量不足、没有了网络，或是忘记带在身边时，许多人会感到焦虑、恐慌、坐立难安。

相关统计显示，79% 的智能手机用户会在早晨起床后的 15 分钟内翻看手机。2011 年某大学进行的一项研究表明，现代人每天平均要看 34 次手机，而业内人士给出的数据更是高得惊人，将近 150 次。多数人每天在手机上花费的时间为 1~4 小时，每个月几乎有 100 小时沉迷在使用手机上。

认知心理学家认为，习惯是一种在情境暗示下产生的无意识行为，是不假思索就可以做出的举动。如果习惯是好的，结果是获得精进；如果习惯是坏的，结果是逐渐上瘾。

这当然不是智能手机的错，因为技术是中性的，真正的问题在于使用智能手机的方式。纽约大学心理学家亚当·阿尔特做过一项统计，那些正在使用阅读、锻炼、教育和健康类 App 的人表示感觉还不错，而他们平均每天花在这些应用上的时间只有 9 分钟。反之，那些正在使用社交、游戏、新闻类 App 的人普遍表示感觉不太好，而他们平均每天花在这些 App 上的时间是 27 分钟。

社交、游戏、短视频、新闻类的 App，之所以会比阅读、教育、健康类的 App 更容易让人沉迷和上瘾，是因为使用它们无须做任何准备，也不用思考，只需轻轻点击一下屏幕上的按钮，就能完美地刺激多巴胺分泌，获得暂时的愉悦感，整个过程简单至极。

从生理机制的角度来看，刷手机、玩游戏等行为与吸毒、酗酒一样，都会激活大脑的奖赏系统，从而导致成瘾。当我们沉溺于手机带来的即时满足，被各种"廉价娱乐"所束缚时，自然会缺乏动力去完成那些重要的事情。在拖延的过程中，内心的焦虑感会不断加剧，引发烦躁、懊悔、自我厌恶等负面情绪，严重消耗情感精力。

手机就像一座虚拟的房子，App 就是里面的物品。打开手机界面，App 井然有序，都是日常生活的必需品，没有一样是多余的，那我们就不会在这上面耗费太多不必要的精力。如果 App 繁杂混乱，新闻、娱乐、游戏、学习、财经统统都有，一切都从"喜好"出发，那就必然为它们付出相应的代价。

为了避免行为上瘾，我们有必要主动摆脱虚拟的世界，最简单的做法就是删掉非必要的 App。在精简手机 App 的问题上，没有固定的、统一的标准，选择与取舍因人而异。在此，我分享一下个人的心得体会，希望能给你带来一些启示。

1. 手机预装的、几乎不使用的 App

手机买来的时候，里面就有系统自带的 App。我基本上一年都不会用到它们几次，任由它们占据内存，着实是一种浪费。

所以，只要能够删除的，我就全部都清掉了。

2. 耗费时间且弊大于利的娱乐类 App

这些 App 通常是无情吞噬时间的高手，比如：抖音、王者荣耀、斗地主、糖果消消乐等，它们会给人带来麻痹神经的、即时的快感，但我们都清楚，那并不是真正的快乐。在这些 App 上刷了两小时以后，得到的不是满足，而往往是内疚与自责。

如果你可以控制好娱乐的时间，也可以保留它们。当然，我还是要提醒你一句，千万不要太高估意志力，靠它去实现自控不是一个理想的选择，从环境入手帮自己建立好的手机使用习惯，可能会更容易实现。

3. 看似有用实则经常造成干扰的 App

今日头条、知乎等 App，常常被我们蒙上一层"有重要价值"的滤镜，因为使用的过程中，我们时常会获得一些意外的启发和见解。只是，在浏览内容时，我们也很容易被"贪欲"牵着走，看完一个还想再看一个，不知不觉就延长了使用时间。

我平时也会浏览知识类平台，但倾向于使用网页版，并安排在早晚各浏览一次，以确保不错过重要的分享内容。这样既能让自己尽可能获取所需信息，又能避免浪费过多时间。微信公众号的关注量不超过 5 个，同类只保留一个，内容太多的话，根本看不过来，还可能漏掉真正需要的、想学习的内容。

正确使用智能手机，会给我们带来高效与便捷；被智能手机"绑架"，则会让我们陷入干扰与焦虑的旋涡。日复一日的刷屏，将悄无声息地耗尽我们的时间和精力，让我们在无休止的滑动和刷新中迷失方向。为了避免行为上瘾，我们需要重新审视一下自己的手机使用习惯，合理利用技术工具，而不是沦为它们的奴隶。

02 控制习惯性分心的次数

📖 **核心笔记**

制造仪式感，对分心保持警觉。

"读大学的时候还没有智能手机，我经常自己买书或是去图书馆借书，阅读充实了我的生活和头脑。后来，有了智能手机，我订阅了许多感兴趣的公众号，每天都能收到精彩的推送。我以为这样可以吸收更多的知识，还能节省买书的费用。

"然而，事实并没有预想中那么美好。手机上的碎片化阅读，没有让我系统地学到多少东西，大都是看的时候感觉豁然开朗，退出页面后很快就忘了。更让我痛苦的是，我已经很难坐下来认真去读一本纸质书了，停留在书本上的注意力只能维持 10 分钟左右，就会不由自主地滑开手机屏幕。

"其实，没有任何信息传来，也没有必须要用手机处理的事务。'时不时地看一下手机'已经变成了一种自动的行为模式，而且只要拿起来，就很难立刻放下。我不知道自己是什么时候变成这样的，但我知道每天在手机上浪费的时间比其他任何一项事务花的时间都要多。"

电子产品引发的行为上瘾，会对专注力造成严重的破坏，形成习惯性分心。

什么是习惯性分心呢？简单来说，就是经常不自觉地从手头的任务或思考中走神，没办法长时间集中注意力，即使是在精力状态还不错的情况下，也只能保持短时间的专注，过不了10~20 分钟就要拿起手机看一看。

千万不要以为"随意中断手上的事务看看手机"是一件小事。你的每一次随意中断和刷手机，都是在削弱自己的专注力，这不仅是浪费时间的问题，当它成为习惯之后，还会出其不意地出现在任何一个生活环节，让你无法持续有效地完成手上的事情，无法深入地思考，在低效和拖沓中浪费精力，延误那些不紧急却很重要的人生规划。

面对习惯性分心的侵袭，我们该怎样防御呢？

1. 制造仪式感，提醒自己保持专注

仪式感，通常昭示着某件事情正式开始。在处理重要事务之前，不妨制造一种仪式感，提醒自己要开启专注做事的状态。比如：晨读之前默念一番鼓舞自己的话，提醒自己尊重早起的时光，尊重独处的空间，沉浸式地阅读，不辜负早起的自己。

2. 为所做之事设置截止时间

没有时间期限，就不知道终点线在哪儿，更没有截止时间越来越近的紧迫感。想要减少分心，为所做之事设置倒计时是一个有效的策略。有了时间限制，就会增加心理上的紧迫感，让每一分钟都显得格外重要。如果每一次的倒计时机制都能让自己迅速完成任务，就会逐渐形成新的行为模式：一旦投入行动，就想要一鼓作气地达成目标。

3. 在既定时间内限制分心的次数

如果没有规则和约束，在做重要之事的过程中，一旦受到内部或外部触发因素的影响，就很容易率性而为。为了避免这样的情况，不妨以周为单位，设置分心次数的上限。

比如，一周只允许分心 10 次，一旦次数用完，就不能再轻易刷手机了。如果连续一个月执行得都很顺利，那么在第二个月时，可以把每周的上限缩减为 8 次，顺利执行一个月后，再减少到每周 5 次或 3 次，循序渐进地改变习惯性分心的行为模式。

4. 觉察到分心时，要及时抽离

无论是刷视频、玩游戏，还是逛网络购物平台，一旦在做事过程中被它们召唤而分心，几十分钟很快就过去了。要减少这样的情况，对每一次分心的时间进行控制是必要的。这种控制不是提醒自己"只能看几分钟"，而是要训练自己及时从上瘾场景中抽离的能力。

比如：你正在处理工作消息时，不自觉地打开了新闻 App，看到了一个很感兴趣的标题。此时，不要去点开它，默数三个数：3，2，1……迅速关闭新闻 App，把注意力拉回正在做的事情上。

在培养专注力、减少习惯性分心的过程中，一旦你战胜了欲望、拒绝了诱惑，把自己从分心的状态中顺利拉回到当下，哪怕只有一次，都要记住这种克服上瘾行为、保持专注的美好瞬间，并用这个微小的成功引导自己获取下一次的胜利。

03 主动阻截泛滥的信息

📖 核心笔记

大脑接触的信息越多，耗费的精力越多。

互联网与智能手机的盛行，带给了我们新奇的体验，也把我们推向了新的困境。我们获取信息的成本越来越低，可处理信息的能力却没有提升；我们获得的信息类型和数量越来越多，可整理分类信息的方式却没有优化；我们看新闻和刷视频的体验感越来越好，可面对行为上瘾却没有太好的方法；我们遇到问题可以随时上网查阅，可也变得越来越不重视知识的沉淀与深度学习。

不夸张地说，信息过载让越来越多的人失去了对生活、对自我的掌控，陷入焦虑、疲劳、沮丧、无法集中注意力的怪圈。对于"数字戒断"这件事，我自己做出过很多努力，也尝试过各种不同的方法和策略。历经 2~3 年的时间，才逐渐达到一个比较理想的状态。

起初，我对刷手机这件事并没有觉知，闲来无事就抱着手机滑动屏幕，一条条地翻看动态，不时地给别人点赞、评论，或是阅读文章，完全忘记了时间的存在。直到感觉眼睛酸了、脖子痛了，再看一眼时间，才发觉已经一个多小时过去了，除了身体上的酸痛，大脑一片空白，整个人觉得很累。

我属于高敏感人群，这类群体有一个特质，即对所接触到的信息比其他人要敏感，因而信息过载很容易让大脑陷入超负荷运转状态。同时，高敏感人群又有深度思考的习惯，对事物倾注的精力与脑力更多，面对浩如烟海的信息，更容易感到厌烦和焦躁。

认识到这一点之后，我关闭了朋友圈功能。偶尔想要了解某朋友的近况，才会特意点开查看。这样做的好处在于，不会在打开微信的那一刻，被朋友圈更新的"小红点"吸引，习惯性地去打开浏览。看似不起眼的举动，可是每天刷上 10 次，每次 3 分钟，就会耗费掉 30 分钟，精力也会被分散。况且很多时候，我们并不是只刷 3 分钟，看到好看的文章，可能一次浏览就得花掉十几分钟。

再后来，我开始卸载新闻类 App，并总结出一条心得：少看社会性新闻，是对自我的一种善待！因为那些吸引眼球的新闻标题，总能巧妙地勾起人的好奇心。然而，打开之后，不是看到没有营养价值的八卦，就是看到戳心的、令人产生焦虑情绪的负面新闻，特别消耗情感能量。事实上，网页上的那些社会新闻，各种奇闻怪事，几乎 90% 都与我们无关。

现在，我已经能够做到工作时不看手机、睡觉不带手机进卧室、不在任何社交媒体和娱乐软件上浪费时间。事实证明，我并没有错失什么，反而空出了整块的时间实现深度阅读，工作时也能更好地保持专注，睡眠质量明显提升，感觉时间变"慢"、变"长"了。

很多人把刷手机当成休息和娱乐，其实这是一种误解。因为大脑接触的信息越多，耗费的认知资源就越多，当它被泛滥的信息包围时，思考能力就会下降。

每天的时间有限，大脑的精力有限，专注力也有限，把这些宝贵的东西用在泛滥的信息上，无疑是最大的浪费。面对信息过载带来的过度刺激，我们要主动设置自保的屏障，减少日常生活中"被"推送消息的可能性与频率。

1. 关闭不必要的通知

我关闭了手机上多数应用程序的通知，让手机回归工具属性，只有在我需要的时候才去查看。至于微信这类通信软件，可以对重要的工作群或个人设置消息提醒，避免注意力被闲聊等消息干扰。

2. 正确使用社交媒体

我现在极少使用社交媒体，因为平台算法会根据用户过去的浏览数据，为每一个使用者打上兴趣标签，推送与之相匹配的内容。时间久了，我们看到的自然都是自己喜欢的、想看的东西，看似是不经意地推送，实则背后是有触发机制的。

社交媒体是一个工具，你可以用它来和朋友、家人保持联系，但不要把它当成获取知识的主要途径。其实，如果你不使用社交媒体获取信息，你就不会错过任何重要的事。

3. 追求知识而非信息

网络文章读了很多，却根本记不住，也不知道怎么用，这就是当下很多人的学习现状。因为碎片化的阅读只是在获取信息，要把信息转化为知识，运用这些信息来解决实际问题，是需要反思和实践的。况且，每天的碎片化阅读，获取的信息来自不同领域，涉及不同话题，完全不成系统，看过之后很容易就忘了。刷手机读 100 篇文章，不如好好地读一本纸质书，对里面的内容做一个系统的梳理，将其运用到生活中。

4. 学会过滤无效信息

信息过载的最大问题在于，多数人被信息裹挟着，却没有批判性思维和筛选信息的能力。当一条信息出现在你眼前时，你一定要保持清醒的觉知："这条信息值得我投入精力去关注吗？它对我的生活有帮助吗？"如果答案是否定的，那就果断忽视，去关注对你而言真正有价值的内容。

04 平衡线上沟通与线下交往

📖 **核心笔记**

即时通信软件的价值，是提升沟通效率。

没有智能手机时，我们每个月的短信条数与通话时间，都是根据所选套餐种类而定的。那时候，多数人打电话会不时地看一下通话时间，争取赶在某 1 分钟开始前，把事情讲完，迅速挂断电话。这样一来，就可以节省 1 分钟的话费；若是长途电话，更是要精打细算。

当智能手机与即时通信软件普及后，这样的担忧基本上就消除了。无论是发消息还是发语音，所用的都是流量，而流量费用也不算太昂贵，有无线网络时就更不用说了，可以语音通话或视频聊天，一切都来得太方便了。就这样，无论何时何地在做什么，都可以拿着手机发微信，鸡毛蒜皮的小事儿也可以随时分享，这种无拘无束的畅快感，让人对微信产生了强烈的依赖。

事物都有两面性，微信有效地提升了沟通效率，降低了沟通成本，却也在无形中偷走了大量宝贵的时间。联系人繁多、消息过密的时候，还可能让我们错过真正重要的消息。

我有一位工作伙伴，每次有事情联系她时，很少能够在第一时间看到消息回复。后来，她告诉我：工作期间，她的QQ和微信都处于屏蔽状态，每天只有在固定的时间她才会去查看和回复消息。平时，她9点钟开始工作，从9点到11点半这段时间，她会把所有精力都用在工作上，不会中途去查看消息，减少干扰。

从11点半到12点，这半小时内，她会统一处理消息。不重要的群发消息，她直接删除掉；重要的问题，简明扼要地沟通解决，尽量把沟通时间控制在半小时之内。这样的话，既不影响吃午饭，也不会因闲聊而浪费更多的时间。

　　主动为自己创造清净的、简单的工作环境，既是提升做事效率的选择，也是自律的保障。微信，归根结底只是一个通信工具，这是它最基础的功能，也是我们最需要的功能，其本质是为了联络互动，保证消息准确、快速地传递，提高沟通效率，节省时间。倘若忽略了这一点，将其视为娱乐工具，就是舍本逐末了。

　　有人认为，微信聊天，在朋友圈里点赞、留言互动，都是连接情感的桥梁。那么，脱离了社交软件，真的会让我们失去朋友吗？

　　我的朋友栗子是一位插画设计师，从事自由职业已有15年。

　　从两年前开始，他给自己的社交生活设置了一条原则：不用微信，不加微信，关闭朋友圈。无论是家人，还是工作上的合作伙伴，他都告知电话联络。偶尔，会有新结识的伙伴，提出加个微信，方便日后联系。对此，他也直言相告："不好意思，我不用微信。如果有问题的话，可以发邮件给我，我看到后会回复。"

　　不用微信，不加微信，也没有其他的社交媒体账号，不是所有人都能理解栗子的做法。毕竟，他是一个38岁的青年人，且不说实现"社交网络戒断"的难度，无法进行即时沟通，这似乎不太符合时代的节奏。

　　然而，栗子很了解自己，也认为这样的选择最适合自己。之前，面对大量的、细碎的微信消息，他总是感觉很烦躁，经常被干扰。现在，脱离了微信，用邮件收发信息，每天固定时间批量处理信息，可以确保注意力的完整和连续。

每天没有那么多手机资讯和微信消息的轰炸，他收获了专注、高效与轻松，觉得属于自己的时间更多了，所思所想的问题也变得更有针对性，减少了很多无谓的精力消耗。

当他不用微信、关闭"朋友圈"之后，反而更重视人与人之间的真实联结，比如：和朋友进行一次 20 分钟的电话沟通，或是去咖啡厅坐一坐、到户外爬爬山，远比在微信上一来一回地发送消息说得更清楚，聊得更深入，这种真实的相处是任何科技都无法比拟的。

卡内基·梅隆大学的研究者罗伯特·克劳伯特发现，人们上网的频率越高，就越感觉孤单沮丧，与周围人的联系越少，自身的幸福感也越低。

另一项研究也表示，在发微博、看朋友圈上花费的时间越多，越容易产生嫉妒感。因为看到与自己年龄相仿的熟人，生活得比自己更光鲜（哪怕事实并非如此），会在无形中给自己造成压力，感到失落和不开心。

这并不是提倡大家都告别微信、关闭朋友圈，特别是对于现代职场人来说，这样的做法不太现实。我们要选择正确使用，在工作方面用微信聊天实现高效沟通，在生活方面可以暂时性地、有选择地脱离微信，把亲友之间的情感沟通安排到线下，恢复人与人之间的真实联结，这样才能更好地保护和滋养精力。

05 每日或每周体验"轻断网"

> 📖 **核心笔记**
>
> 　　网络是一把双刃剑，合理利用可以获益，过分依赖侵蚀身心。

　　千百年前，人们没有网络，却也能快乐地生活；没有网络的时代，牛顿发现了万有引力，雨果写出了《巴黎圣母院》，火车和汽车也诞生在这个世界上。有了网络之后，我们的视野突破了时间与地域的局限。

　　无论怎样，网络终究是网络，没有生命，它只是由虚拟的信号构成的。失去了人的思想与操控，它就丧失了所有的意义。长时间地依赖网络，沉迷于虚拟世界，人也会降低对现实世界的兴趣，与现实疏远，产生情绪问题。

　　现代人已经习惯了 24 小时联网的生活，完全忘了联网是一种选择，而不是一种必然的状态。生活在人群密集的大城市里，难以隔断与外界的互动，这是生活和工作所需。可是，当我们不需要处理工作事务，在完全属于自己的休息时间，能不能主动屏蔽网络，杜绝信息的干扰，完完全全地和自己在一起呢？

凯里·萨沃卡是一名"90后"兼职软件工程师，平时依靠写代码和在网络上教英语赚钱。她曾经尝试了为期一年半的"轻断网"，并将其分享给网友们。

萨沃卡取消了家里的无线网络，把电脑和电视都卖了。当她需要用电脑时，就向别人借一台，去有无线网络的咖啡馆处理工作，力求一次性把问题解决，之后继续过自己的断网生活。

与此同时，她把那些需要用电脑操作的事情做了自动化设置，比如：自动缴费、续费；她会提前写好博文，在有网络的时候，设置定时发布。当她开始从事软件工程师的工作后，就购买了一台二手电脑，但仍然是在断网的状态下写代码和文章。只有极特殊的情况需要联网处理时，她才会使用手机的流量。

萨沃卡的做法值得参考，她不是完全脱离网络，而是选择固定的、有限的时间，集中处理所有需要电脑和网络处理的问题。换句话说，就是把平时碎片化处理的事情，放在一起统一处理，既主动屏蔽了信息的干扰，又实现了专注与高效。

网络是一把双刃剑，控制好它，获益无穷；反被控制，侵蚀身心。为减少对大脑的过度刺激，不妨每天或每周给自己设置一段"轻断网"时间，把这段时间和空间完完全全地留给自己，静静地独处，或沉浸于与自然的互动。这是一种放松心情、回归自我、滋养精力的绝佳方式。

你可以在晚上或周末尝试一下"轻断网",体验一下是什么样的感觉。我个人的感触是,与网络世界断联并没有想象中那么可怕和糟糕,反而会让我觉得更安静、更踏实,可以留给自己更多的时间进行思考、阅读和写作,更好地关注当前所处环境中的重要事务。利用这段不受打扰的时光,与家人或朋友进行面对面的深入交流,或静坐于书桌前沉浸于文字创作,或享受纯粹而深入的思考,这些都为我带来了一种难以言喻的体验,令我神清气爽,并让我对人与人、人与物之间的互动有了更细腻的感知。